발명상식사전

왕연중 지음

발명상식사전

●초판발행 : 2012년 1월 10일 ●2쇄발행 : 2013년 3월 5일 ●저 자 : 왕연중 ●발행인 : 박 용
●발행처 : 도서출판 박문각 ●등 록 : 1979. 12. 29 제1-184호 ●주 소 : 137-953 서울시 서초구
효령로 283 서경 B/D 4층 ●교재주문 : (02) 3489-9400

정가 10,000원

ISBN 978-89-414-7397-8

발명상식사전

왕연중 지음

QMG 박문각

누구나 발명가가 될 수 있다

이 책은 저의 105번째 분신입니다. 이와 함께 200여 개 신문·잡지에 4000여 편의 글을 연재하기도 했습니다. 참 많은 글을 썼습니다. 1983년 발명도서 불모지에서 첫 책을 썼으니까 30여 년 외길을 걸어온 것입니다. 혼자서 외길을 외롭게 걷다 보니 너무 힘에 겨워 장애인이라는 복지카드도 갖게 되었습니다. 때로는 바보처럼 살았다는 생각이 들기도 합니다. 그렇지만 언제부터인가 함께 걷는 사람들이 있어 참 행복합니다.

제 글에는 한 가지 목적이 있었습니다. 그것은 '누구나 발명가가 될 수 있다.'를 강조한 것이었고, 오로지 이 목적의 달성을 위해 글을 써 왔습니다. 그래서 결코 외롭지 않았고, 오늘처럼 며칠째 비가 내리면 온몸이 쑤시고 아파 오지만 마음만은 행복합니다. 이래서 많은 사람들이 최선을 다해, 정상을 향해 걷고 또 걷나 봅니다.

제 모든 책에는 표현은 다르지만 '세상에서 발명처럼 쉬운 것은 없다.'를 강조하고, 그것을 입증하고 있습니다.

대한민국 최초로 발간된 각급 학교의 학생발명반용 교재인 《발명과 특허》와 《발명생활》, 육군 발명동아리 학습교재 등 수많은 학습 교재들도 모두 이런 내용을 중심으로 집필하였습니다. 세계적인 발명기법으로 평가받고 있는 '발명의 10계명'도 이런 내용을 중심으로 창안하였습니다. 그 결과 우리나라가 산업재산권(특허·실용신안·디자인·상표의 총칭) 출원 세계 4위로 우뚝 서는 데도 아주 조금은 기여했을 거라는 생각도 가져 보며, 행복한 마음으로 글을 쓰고 있습니다.

이번 책도 예외가 아닙니다. 다른 책들과 비록 내용은 다르고 표현도 다르지만 역시 그 목표는 '누구나 발명가가 될 수 있다.'이고 '세상에서 발명처럼 쉬운 것은 없다.'입니다.

한 가지 소망이 있다면 이 책을 읽으시는 독자들이 그렇게 생각하시고 느껴 주시는 것입니다.

언필칭, 누구나 발명가가 될 수 있습니다.

발명에 대해 국어사전은 "세상에 없는 것을 만들거나 그 방법을 찾아냄"이라고 설명하고 있고, 그래서 발명은 소수의 천재 과학자나 성적이 뛰어난 사람들만이 할 수 있을 것 같은 생각이 들게 합니다. 그러나 사실은 그렇지 않습니다.

세계 어느 나라 특허청에서나 우리 생활주변의 물건과 방법을 막론하고 '보다 편리하게' 하면 특허나 실용신안 출원이 가능하고, '보다 아름답게' 하면 디자인 출원이 가능하며, 이것이 심사과정을 거쳐 등록이 되는 순간 세계가 인정하는 발명가가 되기 때문입니다.

연간 우리나라 학생들이 6000여 건, 여성들이 2만여 건, 우리나라 전체로는 36만 5000여 건의 산업재산권이 출원되는 것도 바로 여기에서 연유한다고 할 수 있습니다.

드디어 '누구나 발명가가 될 수 있다.'는 시대가 열리는 것 같습니다.

이제 발명시대입니다. 농경사회, 산업사회, 정보화사회를 지나 발명사회가 열린 것입니다.

기업과 국가의 경쟁력이 발명이라는 것은 누구나 알고 있는 사실입니다. 이제 개인의 경쟁력도 발명입니다. 이 책이 도움이 되었으면 하는 마음 간절합니다.

끝으로 저의 졸작에 생명을 불어 넣어 주신 박문각 임직원 여러분과 '추천'이라는 왕관을 씌워 주신 사단법인 한국과학저술인협회, 한국대학발명협회, 한국발명교육학회, 한국청소년과학기술진흥회 임직원 여러분에게 하늘 같은 감사를 드립니다.

2011년 가을이 오는 관악산 자락에서

저자 왕 연 중 올림

contents 차례

첫째 마당
생활 속에서 찾은 우연한 발명

1. 콩테의 연필 _ 부러지지 않고 오래 쓰는 연필은 없을까? ● 14
2. 비로 형제 등의 볼펜 _ 더 편리하게 글을 쓸 수는 없을까? ● 16
3. 버즈아이의 냉동법 _ 알래스카 해변에서 아이디어를 얻어 탄생 ● 18
4. 메넨의 파우더 _ 고객의 불만을 경청하여 사업의 아이템을 획득 ● 20
5. 샌드위치 백작의 샌드위치 _ 카드놀이 중 우연하게 발명된 전 세계인의 간편식 ● 22
6. 설리반의 티백 _ 중개상의 뛰어난 사업 수완으로 우연하게 탄생 ● 24
7. 후쿠이의 주전자 뚜껑 구멍 _ 단 한 개의 구멍으로 성공한 발명 ● 26
8. 이다야의 오돌토돌 고무표면 _ 생활 속 불편함을 재치있는 아이디어로 해결 ● 28
9. 굶주림을 해결하기 위해 탄생한 식품 _ 라면 ● 30
10. 버스 손잡이를 잡은 손에서 탄생한 간식 _ 막대 핫도그 ● 31
11. 유럽인의 평균수명을 20년이나 연장시킨 이것? _ 비누 ● 31
12. 버려진 원료에서 얻은 기발한 아이디어 _ 물에 뜨는 비누 ● 32
13. 아들의 효심이 탄생시킨 기계 _ 계산기 ● 33
14. 어떻게 하면 쉽게 뜯고 찢을 수 있을까? _ 구멍 뚫는 기계 ● 34
15. 잦은 고장 앞에서 발생한 오기 _ 보일러 ● 35
16. 경마광의 노력이 낳은 극장문화의 시작 _ 영사기 ● 36
17. 끈끈한 우정으로 탄생한 사무기기의 혁명 _ 타자기 ● 36
18. 내과질환의 혁신을 가져온 발명품 _ 청진기 ● 38
19. 우편요금의 혁신을 가져온 발명품 _ 우표 ● 39
20. 천막 천에서 탄생한 전 세계인의 패션 아이콘 _ 청바지 ● 40
21. 말라리아 연구에서 얻어진 우연한 발견 _ 합성염료 ● 41

둘째 마당
화제가 되었던 기발한 발명

22. 저드슨의 지퍼 _ 군화끈을 매야 하는 불편함이 낳은 발명 ● 44

23. 버버리의 레인코트 _ 고무보다 좀 더 편리한 비옷은 없을까? ● 46

24. 르 베리에의 일기예보 _ 크리미아 전쟁 중에 발명 ● 48

25. 킴벌리의 크리넥스 _ 휴지와 감기의 관계 마케팅을 활용한 아이디어 ● 50

26. 퍼시의 전자레인지 _ 레이더가 탄생시킨 주방의 혁신적 발명품 ● 52

27. 파팽의 압력 증기 요리기 _ 증기에 대한 관찰과 탐구로 탄생한 주방요리기 ● 54

28. 가네보 사의 페로몬 향수 _ 페로몬으로 이성을 유혹하라 ● 56

29. 무리에의 마가린 _ 나폴레옹의 지시로 만들어진 버터 대용품 ● 58

30. 크레인의 구멍 뚫린 사탕 _ 캔디를 사랑한 캔디 판매상의 재치 ● 60

31. 칼디의 커피 _ 에티오피아에서 시작된 악마의 유혹 ● 62

32. 팸버튼의 코카콜라 원액 _ 며느리도 모르는 유혹의 블랙 음료 ● 64

33. 작은 구멍 하나가 만들어낸 기적 _ 각설탕 포장법 ● 66

34. 정육면체의 두뇌놀음기 _ 큐브 퍼즐 ● 67

35. 포수를 위험에서 구해내라! _ 글러브 & 마스크 ● 68

36. 농작물을 병충해로부터 보호할 수 없을까? _ 농약 ● 69

37. 어부지리 발명품의 대히트 _ 담뱃값 뜯기 테이프 ● 70

38. 얼음으로 된 이글루안은 왜 춥지 않을까? _ 보온병 ● 71

39. 루비가 다이아몬드의 구멍을 뚫는다고? _ 인조루비 레이저 ● 71

40. 사탕은 어떻게 전파됐을까? _ 사탕 ● 72

41. 아이스크림을 먹는 것이 죄라고? _ 아이스크림 ● 73

42. 음료수에 이산화탄소를 넣었다고? _ 소다수 ● 74

43. 단맛은 업, 칼로리는 다운 _ 인공감미료 ● 76

44. 운전자들의 과속을 막아라 _ 속도계 ● 77

45. 육체노동으로부터 여성을 해방시킨 발명품 _ 세탁기 ● 78

contents

46. 공포와 더러움의 상징인 화장실을 변화시킨 기구 _ 수세식 변기 ● 79

47. 시력교정부터 멋내기까지, 필수품이자 액세서리 _ 안경 ● 80

48. 쉽게 먼지를 제거할 수 있는 방법은 없을까? _ 진공청소기 ● 81

49. 부의 상징에서 비를 피하기 위한 수단으로 _ 우산 ● 82

50. 복잡한 수학문제를 쉽게 계산할 수 있는 방법은? _ 주판 ● 83

셋째 마당
꿈이 현실이 된 발명

51. 라이트 형제의 비행기 _ 하늘을 나는 꿈을 실현한 형제의 승리 ● 86

52. 폰 브라운의 로켓 _ 우주여행의 꿈을 향한 위대한 탐구정신 ● 88

53. 휘틀의 제트엔진 _ 더 높이 더 멀리 나는 꿈을 실현한 도전정신 ● 90

54. 다게르의 카메라 _ 화가의 기발한 착상으로 탄생한 최초의 카메라 ● 92

55. 에디슨의 축음기 _ 전화를 연구하던 중 발상의 전환으로 탄생 ● 94

56. 칼슨의 건식 복사기 _ 업무의 불편함을 발명으로 해결 ● 97

57. 맥코믹의 수확기 _ 농부의 기계화에 대한 열망으로 발명 ● 100

58. 크럼프턴의 뮬 방적기 _ 농부의 관찰과 연구가 이룬 개량 방적기 ● 102

59. 마부치의 전지 넣는 완구 _ 호기심과 불만이 낳은 위대한 발명 ● 104

60. 다임러의 오토바이 _ 오토의 특허에서 힌트를 얻어 발명 ● 106

61. 베어의 비디오게임 _ 공상을 즐기던 노인의 집념으로 발명 ● 108

62. 브라유의 점자 _ 요철에 쓰인 암호에서 힌트를 얻어 탄생 ● 110

63. 샤르도네의 인조견사 _ 실험 중 우연하게 발견한 누에명주의 대용품 ● 112

64. 두 바퀴의 혁명 _ 자전거 ● 114

65. 기구에 증기기관을 달면? _ 비행선 ● 115

66. 하늘을 나는 공기주머니 _ 열기구 ● 116

67. 멀리서 일어나는 사건들을 집안에서 생생하게 _ 텔레비전 ● 117

68. 인공두뇌시대를 연 발명품 _ 컴퓨터 ● 118

69. 낡은 차고에서 탄생한 첨단 문명 _ 애플 컴퓨터 ● 119

70. 컴퓨터가 선사하는 또 다른 세계 _ 가상현실 ● 120

71. 영상을 보관할 수 있는 방법이 있을까? _ 비디오테이프 ● 121

72. 비디오테이프의 화질을 개선할 수 있을까? _ 비디오디스크 ● 121

73. LP의 단점을 극복할 수 없을까? _ 콤팩트디스크 ● 122

74. 소리를 기록으로 남길 순 없을까? _ 자기기록 ● 123

75. 빛을 멀리까지 전파시킬 수는 없을까? _ 광섬유 ● 124

76. 흘러간 시간을 영원히 가둬두는 방법 _ 사진 ● 125

77. 순간의 아름다움을 오래 간직할 수 없을까? _ 필름 ● 126

78. 사진으로 보는 총천연색 세상 _ 컬러사진 ● 127

79. 인간이 비를 내리게 할 수는 없을까? _ 인공강우 ● 128

80. 다이아몬드를 인공적으로 만들어낼 수 없을까? _ 인조 다이아몬드 ● 129

81. 한 번 쓰고 버리는 전지를 여러번 사용할 수 있을까? _ 축전지 ● 130

82. 태양의 빛을 전기에너지로 바꿔라 _ 태양전지 ● 131

83. 인간 눈의 한계를 뛰어넘은 발명품 _ 현미경 ● 132

84. 어떻게 하면 백열등보다 경제적일까? _ 형광등 ● 133

85. 가볍고 편리하게 사용할 수 있는 신소재는 없을까? _ 플라스틱 ● 134

넷째 마당
역사에 남을 위대한 발명

86. 듀보스의 항생제 _ 항생물질 연구의 선구적인 업적 ● 138

87. 플레밍의 페니실린 _ 인류를 구원한 최초의 항생제 발견 ● 140

88. 제너의 종두법 _ 천연두 공포로부터의 해방 ● 142

89. 파스퇴르의 광견병 백신 _ 광견병으로부터 인류를 구원 ● 144

contents

90. 허쇼위츠의 내시경 _ 머리카락에서 힌트를 얻은 위대한 발명 ● 146

91. 벨의 전화기 _ 끊임없는 연구와 사업가적 기질이 이룬 발명 ● 148

92. 마르코니의 무선전신 _ 전선 없이 전파만으로 신호를 보낼 수 있을까? ● 152

93. 모스의 전신기 _ 미국 화가, 유선통신시대를 열다 ● 156

94. 왓슨 와트의 레이더 _ 전쟁 중 비행기의 위치를 추적하기 위해 발명 ● 158

95. 랑주뱅의 초음파탐지기 _ 잠수함의 위치를 파악하기 위해 발명 ● 160

96. 버쉬넬의 잠수함 _ 독립전쟁 중 군함에 맞서 발명한 최초의 잠수정 ● 162

97. 오티스의 엘리베이터 _ 엘리베이터의 속도를 빠르고 안전하게 ● 164

98. 갈릴레이의 온도계 _ 헤론의 책에서 힌트를 얻어 발명 ● 166

99. 노벨의 다이너마이트 _ 세심한 관찰에서 아이디어를 얻어 탄생 ● 168

100. 스미턴의 시멘트 _ 튼튼한 등대를 짓다가 우연하게 발명 ● 170

101. 모니에의 철근 콘크리트 기법 _ 견고한 화분 만들기에서 비롯된 건축기법의 신화 ● 172

102. 캐로더스의 나일론 _ 화학적으로도 섬유를 만들 수 있을까? ● 174

103. 아라비아숫자를 인도에서 만들었다고? _ 아라비아 숫자 ● 176

104. 역사에 기록된 가장 오래된 폭발물 _ 화약 ● 176

105. 지구의 방향을 가리키는 인류 3대 발명품의 하나 _ 나침반 ● 178

106. 인류가 만든 가장 오래된 무기 _ 활과 화살 ● 179

107. 지식의 대중화에 기여한 발명품 _ 인쇄술 ● 179

108. 구전에서 기록으로 역사를 바꾼 발명품 _ 종이 ● 180

109. 프로메테우스 불 이후 인류의 두 번째 불 _ 전구 ● 181

110. 무게를 쉽게 측정하는 방법은 없을까? _ 저울 ● 182

111. 어떻게 하면 길이를 쉽게 측정할 수 있을까? _ 자 ● 183

112. 볼록렌즈와 오목렌즈를 떨어뜨리면? _ 망원경 ● 184

113. 기능용 vs 장식용, 시대에 따라 달라진 선택 _ 단추 ● 185

114. 화상을 있는 그대로, 빠르게 전송할 수 있는 방법은? _ 팩시밀리 ● 186

115. 인간의 고통을 잠들게 한 의학혁명 _ 마취제 ● 187

116. 인류를 전염병에서 구해낼 순 없을까? _ 백신 ● 188

117. 죽음의 문턱에서 기적적으로 살아날 수 있었던 비결 _ 비타민 ● 188

118. 병원은 언제부터 있었을까? _ 병원 ● 190

119. 유럽의 밤거리를 오렌지빛으로 장식한 주인공 _ 가스등 ● 191

다섯째 마당
평범한 사람들의 인생역전 발명

120. 스트라이트의 팝업 토스터 _ 평범한 기술자의 번뜩이는 아이디어와 집념의 승리 ● 194
121. 프레이즈의 캔 뚜껑 개폐장치 _ 발상의 전환! 필요한 것끼리 함께 붙여라 ● 196
122. 필립스의 십자나사못 _ 우연하게 포착한 획기적인 발명 아이디어 ● 198
123. 립맨의 지우개 달린 연필 _ 자신의 결점을 보완하기 위한 멋진 아이디어 ● 200
124. 메스트랄의 벨크로 _ 우엉 가시에서 힌트를 얻어 탄생한 테이프의 혁명 ● 202
125. 프라이의 3M 포스트잇 _ 실수로 탄생해 문구계의 히트상품에 등극 ● 204
126. 소변구가 있는 이중팬티 _ 양복 안주머니에서 착안한 새색시의 아이디어 ● 206
127. 사카이의 생리대 _ 여자의 욕구를 읽어낸 획기적인 발명 ● 208
128. 딕슨의 밴드 반창고 _ 사랑하는 아내를 위한 집념으로 연구 ● 210
129. 스톤의 빨대 _ 어떻게 하면 위스키를 더 맛있게 먹을까? ● 212
130. 무어의 종이컵 _ 필요에 의한 발명으로 탄생한 일회용 컵 ● 214
131. 던롭의 공기타이어 _ 축구공에서 착상이 떠오른 안전한 타이어 ● 216
132. 아페르의 병조림 _ 요리사의 경험과 집념이 낳은 발명 ● 218
133. 미쇼의 페달 자전거 _ 기존의 제품에 아이디어를 더하라 ● 220
134. 잉크가 샘물처럼 솟아나는 펜? _ 만년필 ● 222
135. 남성들의 안전한 수염 관리 _ 안전면도기 ● 223
136. 짧을수록 오래가는 아름다움 _ 미니스커트 ● 224
137. 할머니의 손자 사랑이 낳은 획기적인 발명품 _ 삼각팬티 ● 224
138. 사랑의 힘이 낳은 로맨틱한 발명 _ 안전핀 ● 225
139. 효심이 만들어낸 가볍고 편리한 가방 _ 쇼핑백 ● 226
140. 배드민턴을 대중화시킨 일등공신 _ 플라스틱 셔틀콕 ● 227
141. 산업화 시대를 견인한 원동력 _ 재봉틀 ● 228
142. 위기를 재치있게 극복해 전 세계인의 쿠키로 _ 초코칩쿠키 ● 229

인류문명의 발달을 꽃피운 위대한 발명 연표 ● 230

"나는 타인에게 도움이 되지 않는 **발명**은 결코 시작하지 않았다. 세상이 필요로 하는지를 먼저 알아낸 다음 **발명**에 착수한다."

– 토머스 에디슨

발명상식사전

첫째 마당 _
생활 속에서 찾은 우연한 발명

1. 콩테의 연필 _ 부러지지 않고 오래 쓰는 연필은 없을까?
2. 비로 형제 등의 볼펜 _ 더 편리하게 글을 쓸 수는 없을까?
3. 버즈아이의 냉동법 _ 알래스카 해변에서 아이디어를 얻어 탄생
4. 메넨의 파우더 _ 고객의 불만을 경청하여 사업의 아이템을 획득
5. 샌드위치 백작의 샌드위치 _ 카드놀이 중 우연하게 발명된 전 세계인의 간편식
6. 설리반의 티백 _ 중개상의 뛰어난 사업 수완으로 우연하게 탄생
7. 후쿠이의 주전자 뚜껑 구멍 _ 단 한 개의 구멍으로 성공한 발명
8. 이다야의 오돌토돌 고무표면 _ 생활 속 불편함을 재치있는 아이디어로 해결
9. 굶주림을 해결하기 위해 탄생한 식품 _ 라면
10. 버스 손잡이를 잡은 손에서 탄생한 간식 _ 막대 핫도그
11. 유럽인의 평균수명을 20년이나 연장시킨 이것? _ 비누
12. 버려진 원료에서 얻은 기발한 아이디어 _ 물에 뜨는 비누
13. 아들의 효심이 탄생시킨 기계 _ 계산기
14. 어떻게 하면 쉽게 뜯고 찢을 수 있을까? _ 구멍 뚫는 기계
15. 잦은 고장 앞에서 발생한 오기 _ 보일러
16. 경마광의 노력이 낳은 극장문화의 시작 _ 영사기
17. 끈끈한 우정으로 탄생한 사무기기의 혁명 _ 타자기
18. 내과질환의 혁신을 가져온 발명품 _ 청진기
19. 우편요금의 혁신을 가져온 발명품 _ 우표
20. 천막 천에서 탄생한 전 세계인의 패션 아이콘 _ 청바지
21. 말라리아 연구에서 얻어진 우연한 발견 _ 합성염료

콩테의 **연필**
– 부러지지 않고 오래 쓰는 연필은 없을까? –

연필의 역사는 대체로 16세기 무렵부터 시작된 것으로 볼 수 있으나 일반화된 것은 19세기 들어서부터이다. 그리고 연필이 오늘날과 같은 모습을 갖추게 된 것은 1795년 프랑스의 화학자이자 화가인 니콜라 자크 콩테(Nicola Jacques Conté, 1755~1805)에 의해서였다.

▲ 니콜라 자크 콩테

어느 화창한 오후였다. 공원에는 많은 사람들이 나와 모처럼의 햇빛을 즐기고 있었다. 정말 평화로운 한때였다. 그러나 단 한 사람, 공원 한구석에서 그림을 그리고 있는 남자만은 예외였다. 그는 얼굴을 심하게 일그러트린 채 아주 큰소리로 짜증을 내고 있었다.

'이런, 또 부러졌군! 이래서야 스케치를 할 수가 없잖아.'

그는 몹시 화가 난 듯, 손에 들고 있던 숯덩이를 내던졌다. 당시에는 밑그림을 그리는 데 숯을 많이 이용하고 있었다.

그로부터 며칠 후, 콩테는 골똘히 생각에 잠긴 채 한동안 그대로 앉아 있었다.

'흐음……, 그런 방법이 있었군!'

콩테는 독일 콘라트 폰 게스너의 논문을 읽다가 의미심장한 미소를 지었다. 그는 공원에서 스케치를 한 그날 이후로 줄곧 새로운 미술도구에 대해 연구하고 있었다. 그는 콘라트의 논문에서 흑연을 넣어 필기구로 사용했다는 대목에 흥미를 느꼈다.

'흑연을 이용한 필기구라……, 그것 정말 괜찮군! 미술도구로서뿐만 아니라 새로운 필기도구로 쓸 수도 있겠어.'

그는 곧바로 실험에 착수했다. 그의 작은 화실이 연구실로 이용되었다. 콩테는 우선 심을 만드는 작업에 착수했다. 처음에는 흑연을 모아서 막대 모양으로 만든 다음 여러 날을 말려 보았으나 그림을 그리거나 글씨를 쓰기에는 부적합하였다. 제일 중요한 문제는 흑연에 일정한 강도를 주는 일이었다. 그는 매일 새로운 방법을 시도해 보았으나 결과는 항상 실패였다.

그러던 어느 날이었다. 콩테는 저녁식사 도중 무심결에 접시를 만져 보았다. 그러고 나서 갑자기 자리에서 벌떡 일어났다. 접시를 만지는 순간 문제의 해답이 떠올랐기 때문이었다.

'흙을 불에 구우면 이 접시처럼 단단해진다. 만약 흑연을 찰흙과 섞어 반죽해서 굽는다면 어떨까?'

그는 식사를 하다 말고 곧바로 연구실로 달려가 다시 며칠간 실험에만 집중했다. 추측대로 실험은 대성공이었다.

그는 가마에서 검게 빛나는 단단한 흑연 막대기들을 집어냈다. 그는 이것을 미리 준비한 나무 막대의 홈 속에 차근차근 끼워 넣고 적당한 크기로 잘라냈다. 완성된 연필이 탄생된 순간이었다.

이때가 1795년이었다.

한편 우리나라에 연필이 전래된 시기는 19세기 후반일 것으로 추정되며, 국산연필은 1946년 대전에서 처음 생산되었다.

▲ 콩테의 연필(1795)

비로 형제 등의 **볼펜**

– 더 편리하게 글을 쓸 수는 없을까? –

직장인들에게 사무용품 가운데 가장 많이 사용하는 필기구를 꼽으라고 하면 단연코 '볼펜'이 압도적이지 않을까?

볼펜이 오늘날 이처럼 사랑받게 된 데는 좀 더 실용적인 제품을 열망하는 여러 발명가들의 열정과 노력이 담겨 있다.

만년필 시대를 지나 볼펜의 첫 역사를 연 인물은 바로 헝가리의 라디슬라스 비로(Ladislas Biro, 1899~1985)와 게오르그(Georg) 형제다.

형인 비로는 조각가이자 화가였으며, 또한 언론인이기도 했다. 그는 매일 많은 양의 글을 써야만 했는데, 만년필로 그 일을 하기에는 간단하지가 않았다. 취재나 교정 도중 만년필의 잉크가 말라버려서 잉크를 보충해야만 했고, 날카로운 펜촉으로 종이가 찢어지는 경우가 허다했기 때문이다.

그러던 어느 날 출판을 위한 원고의 교정을 보던 비로는 '잉크를 보충해 주지 않아도 되고, 종이도 찢어지지 않는 필기구를 만들어볼까?' 하는 생각이 들었다. 그는 곧바로 화학자이던 동생 게오르그에게 끈적거리는 잉크의 필요성을 설명하고, 그날부터 둘은 새로운 필기구 발명에 몰두했다. 1938년 그들은 몇 번의 실패 끝에 볼베어링을 통해 특수잉크가 나오도록 하는 현대식 볼펜을 발명하는 데 드디어 성공했다. 하지만 헝가리에서 특허는 받았으나 잉크를 녹이는 기름을 찾지 못해 생산에는 실패했다. 결국 이들은

2차 대전이 일어나자 아르헨티나로 이주하였고, 그곳에서 영국인 헨리 마틴의 후원으로 1943년에 특허를 획득하고 'Birom'이라는 브랜드로 볼펜을 생산할 수 있었다. 이후 그들은 잉크가 새는 피스톤식의 볼펜을 튜브식으로 바꾸는 등 품질을 개선하였다. 볼펜은 영국 공군에 처음 지급되었는데, 고도에서도 잉크가 새지 않아 큰 호응을 얻었다.

▲ 라디슬라스 비로

비로의 볼펜은 출시되자마자 세계 여러 나라에서 큰 인기를 얻었으며, 미국 시장에서도 큰 인기를 모았다. 미국에는 밀턴 레이놀즈에 의해 알려졌는데, 그는 아르헨티나의 부에노스아이레스를 여행하던 중 비로의 볼펜을 접하게 되었다. 이후 그는 잉크를 내보내는 시스템을 개량한 볼펜을 만들었으며, 미국 정부는 레이놀즈의 볼펜 10만 개를 구입해 군인들에게 지급하였다.

오스트리아 출신의 미국인 화학자 프란츠 제이크는 찰기가 있는 잉크 개발에 성공해 '물속에서도 쓸 수 있는 펜'이라는 광고로 히트했다.

비로에 앞서 미국인 존 로우드가 1888년에 볼펜을 발명하여 특허를 취득했었지만, 만년필 때문에 빛을 보지 못했다고 한다.

이와 같이 필기구 시장에 일대 혁명을 몰고 온 볼펜은 여러 사람들의 연구가 보태져 실용성과 편리성을 갖추게 되었다.

한편 우리나라에 볼펜이 처음 들어온 것은 1945년 해방과 함께 들어온 미군에 의해서였다. 이후 1963년 들어 국내 생산이 시작되었고, 60년대 말부터 대중 필기구로 정착되었다.

현재 아르헨티나는 비로의 생일인 9월 29일을 발명가의 날로 지정, 기념하고 있다.

버즈아이의 **냉동법**

– 알래스카 해변에서 아이디어를 얻어 탄생 –

창의력이 뛰어난 우리의 선조들은 이미 신라시대에 '석빙고'라는 곳에 얼음을 보관하여 1년 동안 사용하였다는 기록이 있고, 또 조선시대에는 서울에 '동빙고'와 '서빙고'라는 얼음 창고를 만들어, 겨우내 언 한강의 얼음을 보관하였다가 궁중에서 요긴하게 사용한 기록도

▲ 클래런스 버즈아이

있다. 그러나 이런 얼음의 이용과는 다른 본격적인 '냉동법'을 처음 발명한 사람은 미국인 생물학자 '클래런스 버즈아이(Clarence Birdseye, 1886~1956)'였다. 미국 농무부의 생물표본 수집 담당 직원이던 버즈아이는 1923년 알래스카로 출장을 갔다. 그곳에서 그는 아주 놀라운 광경을 목격하게 되었다.

'아니! 이 물고기는 두 달 전의 항해 때 먹다가 남긴 것인데 어떻게 된 거지? 마치 이제 막 잡아 올린 것처럼 싱싱하다니!'

버즈아이는 추위로 붉어진 코를 비벼가며 그 물고기를 살피고 또 살폈다. 자신이 혹시 뭔가 착각을 하고 있는 것은 아닌가 싶기도 했지만, 자신의 손에 들린 물고기는 분명 두 달 전에 먹다 남긴 것이었다. 반 토막의 물고기는 마치 유리에 성에가 낀 것처럼 하얗게 얼어 있었다. 순간, 버즈아이는 매섭게 차가운 겨울 날씨가 이 물고기를 꽁꽁 얼려 놓은 것이 아닌가 하는 생각이 들었다.

출장을 마치고 집에 돌아온 버즈아이는 토끼를 잡아서 신선도 실험에 착수했다. 종이상자에 양초를 입히고, 그 안에 여러 개의 칸을 만들어 토끼고기와 얼음을 차례차례 채워 넣었다. 조금 후 토끼고기는 얼어붙어 손도 대지 못할 만큼 차가워졌다. 버즈아이는 이렇게 해서 얼린 토끼고기와 얼리지 않은 토끼고기를 놓고 어떤 것이 먼저 상하는지 살펴보았다.

그로부터 며칠이 지났다. 그 결과 얼리지 않은 토끼고기는 얼음을 갈아주며 보관한 토끼고기보다는 확실히 먼저 부패되어 냄새가 나기 시작했다.

1925년 버즈아이는 오랜 연구 끝에 급속 냉동기계를 발명했다. 그는 특허출원을 마치고 성능이 더 좋은 자동 냉동기계를 발명했다. 처음엔 사람들의 반응이 신통치 않았으나 제너럴 푸드 사는 예외였다. 제너럴 푸드 사는 1929년 대공황이 찾아오기 직전 식품저장에 고심해 왔던 차에 버즈아이의 특허권을 당시로서는 세계 최고인 2200만 달러에 사들였다.

그 후 버즈아이는 풍족한 삶을 누리다가 70세로 사망할 때까지 250여 건의 특허를 남겼다. 버즈아이로부터 식품냉동법 특허를 사들인 제너럴 푸드 사 역시 세계적인 기업으로 성장해 오늘에 이르고 있다.

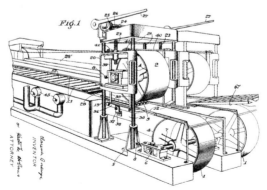

▲ 버즈아이가 개발한 급속냉동장치 설계도(1930)

메넨의 **파우더**
- 고객의 불만을 경청하여 사업의 아이템을 획득 -

　유아용 파우더의 발명으로 성공적인 삶을 살았던 독일의 게르하르드 메넨(Gerhard H. Mennen, 1856~1902)! 동네에서 약국을 운영하던 그는 고객들의 불평·불만에서 아이디어를 얻어 성공의 기반을 마련할 수 있었다.

　"저번에도 말했지만 분이 영 신통치 않아요."

　동네에서 말이 많기로 소문난 바이슨 부인이 또다시 심통을 부렸다. 그러자 그녀 옆에 있던 다른 부인들도 덩달아 맞장구를 치기 시작했다.

　"맞아요! 우리 애는 발진 때문에 늘 고생인데 한 번도 효과를 본적이 없어요."

　이렇게 시작된 동네 부인들의 불평은 한참 동안이나 계속되었다. 그러나 약국 주인인 메넨은 이들을 귀찮아한다거나 전혀 소홀하게 대하지 않았다. 오히려 그들의 질문에 대꾸하고 되묻는 등 적극적이었다. 그는 늘 사업 구상을 하고 있었기 때문에 소비자인 부인들의 의견을 조금이라도 더 귀담아 들으려고 하였다.

　'품질 좋은 아기 파우더를 개발하기만 하면 크게 성공할거야. 이 세상의 어느 부모가 자기 자식이 발진으로 고생하는 것을 보고만 있겠어? 효과만 좋다면 팔리는 것은 따 놓은 당상이지.'

　잠깐 생각을 정리한 뒤, 그는 고개를 끄덕였다. 그토록 갈망하던 새 사업 구상이 드디어 결정된 것이다.

'부드러운 탄산 활석이라면 훌륭한 유아용 파우더가 될 거야!'

그는 오랜 약사 생활에서 얻은 경험이 있기에 두려울 것이 없었다. 그것은 그가 가진 무기였다. 메넨은 약국에서 얻은 많은 재료들과 탄산 활석을 가지고 연구를 거듭했다. 이렇게 수천 번의 실험을 하며 여러 해가 지난 후, 그는 마침내 붕산과 이탈리아제 활석을 섞은 새로운 파우더의 합성에 성공하게 되었다. 그는 여기에다 좋은 냄새가 나도록 장미기름까지 넣어 상품의 질을 높였다. 이 새로운 파우더에 대한 인기는 메넨 자신도 놀랄 정도였다. 잇달아 들어오는 주문에 메넨은 즐거운 비명을 지를 정도였다.

그러나 그것은 서곡에 지나지 않았다. 메넨은 더 큰 성공을 위해 대량판매의 길을 찾기 시작했다. 바로 이 과정에서 메넨은 다시 한번 사업가의 기질을 유감없이 발휘하였다.

그는 당시 마분지 포장뿐이었던 파우더 포장의 잘못된 점을 제대로 꿰뚫어 보고, 새로운 포장법에 대해 연구했다. 그 결과 아주 혁신적인 데다 견고한 형태의 포장 용기를 개발하였다.

'튼튼한 용기로는 깡통을 따를 것이 없지!'

그는 당시 포장 용기의 고정관념을 과감히 깨뜨리고, 자신의 파우더를 깡통에 넣어 팔기 시작했다. 그것은 단순히 보관의 기능을 넘어서, 깡통에 작은 구멍을 뚫어 파우더가 솔솔 뿌려지도록 특별한 기능까지 덧붙인 아이디어 상품이었다. 이러한 포장 덕분인지 메넨의 파우더는 인기가 날로 높아갔다.

▲ 메넨의 파우더 광고(1909)

샌드위치 백작의 **샌드위치**

– 카드놀이 중 우연하게 발명된 전 세계인의 간편식 –

간편식의 대명사인 샌드위치는 아이러니하게도 발명자의 도박 중독과 게으름 때문에 세상의 빛을 본 대표적인 식품이다.

18세기 후반 영국 샌드위치 가문의 4대 백작인 존 몬테규 샌드위치(John Montagu Sandwich, 1718~1792) 백

▲ J. M. 샌드위치 백작

작은 미국 독립전쟁 때 활약한 영국의 해군장군으로서 부패 혐의로 자주 비난을 샀으나 행정 능력만큼은 뛰어났다고 한다. 그는 특히 해양 문제에 관심이 많아서 탐험을 적극 장려했는데, 영국의 탐험가인 제임스 쿡 선장은 1778년 그가 새로 발견한 섬의 이름을 샌드위치 제도(하와이)라고 명명했다.

하지만 샌드위치 백작의 이름을 널리 알린 것은 뭐니 뭐니 해도 샌드위치의 발명 덕분이라고 해도 과언이 아니다. 그는 식사할 시간도 아까워할 만큼 카드놀이에 푹 빠져 지냈던 터라 하인들의 고충이 이만저만이 아니었다. 백작의 건강이 날로 쇠약해져 갔기 때문이었다.

'카드놀이를 즐기면서 짧은 시간 내에 먹을 수 있는 간편한 식사는 없을까?'

카드놀이에 열중해 있던 샌드위치 백작은 마침내 생각이 여기

에까지 미쳤다. 하인들을 시켜서 런던 곳곳을 찾아보았지만 마음에 드는 음식은 쉽게 찾아지지 않았다.

그러던 어느 날, 식사는 권해도 거들떠보지도 않는 백작 때문에 애를 태우던 하인들은 궁여지책으로 빵과 고기, 그리고 채소를 되는대로 으깨고 버무린 다음 카드놀이에 열중인 백작의 손에 쥐어 줬다. 백작은 이를 무심코 받아 들고 한입 꿀꺽 삼켰는데, 그 맛이 매우 놀라웠다. 여태껏 한 번도 먹어보지 못했던 색다르고 매우 훌륭한 맛이었기 때문이다. 또한 이 빵은 카드놀이를 하면서 먹기에도 매우 간편했다.

그 결과 샌드위치 백작은 식사를 거르지 않고 카드놀이에 열중할 수 있었다. 같이 카드놀이를 하던 사람들 또한 샌드위치 백작의 식사법을 보고 따라하면서 점차 입소문이 나기 시작했다. 그리고 이때부터 샌드위치 백작의 이름을 따서 '샌드위치'라고 불리게 되었다고 한다.

그러나 샌드위치가 나올 당시 사회는 격식을 차려 식사하는 문화가 일반화되었던 탓에 처음에는 사람들이 적잖이 당황했다고 한다. 하지만 기차 안에서나 야외 활동 때 간편하게 먹을 수 있는 편리함 때문에 불편한 격식문화를 물리치고 그 인기가 지금까지 이어져 오고 있다.

한편 샌드위치처럼 빵과 야채를 한꺼번에 섞어서 먹는 음식은 로마 시대에서도 찾아볼 수 있다. 2000년 전 로마인들은 검은 빵에 육류를 끼운 음식이 가벼운 식사대용으로 애용되었던 기록이 남아 있다. 러시아에서도 전채의 한 종류인 오픈 샌드위치를 만들어 사용하였다고 한다.

설리반의 **티백**

− 중개상의 뛰어난 사업 수완으로 우연하게 탄생 −

우연이라는 것이 과연 있을까? 어떤 이들은 세상에 우연이란 없고, 다만 우연처럼 보이는 필연이 있을 뿐이라고 말한다. 하긴 우연이라고 여기는 것들도 잘 살펴보면 나름대로의 이유를 가지고 있다.

티백(Tea bag)의 발명가로 널리 알려진 토머스 설리반(Thomas Sullivan)의

▲ 토머스 설리반

성공도 많은 이들은 우연이라는 수식어를 붙인다. 설리반 자신이 뜻하지 않은 결과를 얻었다는 것이다. 하지만 의도가 어찌 됐든 그의 아이디어는 발명품으로 특별한 대접을 받고 있다.

토머스 설리반은 뉴욕을 무대로 활동하는 수완 좋기로 소문난 중개상이었다. 그의 성공 비결은 철저한 고객 관리였다. 설리반은 자신의 고객명단을 만들고, 신상품이 나올 때마다 여러 가지 샘플을 보내 주는 등 꼼꼼히 관리했다. 이 차별화된 전략 덕분에 그의 고객들은 점점 늘어갔고, 그는 유능한 상인으로 자리를 굳힐 수 있었다.

하지만 어떤 일이든 고비가 있는 법이어서, 순풍에 돛단 듯이 달려가던 그의 사업에도 장애물이 나타나게 되었다. 차의 샘플을 고객에게 보낼 때 포장용으로 사용하는 함석통 값이 많이 오른 것이었다. 함석통 값이 하루가 다르게 치솟는 통에 많은 사업에 지

장이 있을 정도였다. 설리반은 고민에 휩싸였다. 늘 하던 대로 샘플을 보내자니 함석통 값이 워낙 비싸서 배보다 배꼽이 더 클 지경이었고, 샘플 우송을 포기하자니 고객들이 실망할 것 같았다. 이익 없는 장사를 할 수 없는 노릇이고, 또 오랫동안 계속한 서비스를 그만둘 수도 없어, 설리반은 진퇴양난에 빠져 있었다.

그러나 하늘이 무너져도 솟아날 구멍이 있다고 하지 않던가? 오랫 동안 중개상으로 잔뼈가 굵은 그의 저력이 다음 순간 멋지게 발휘되었다. 궁여지책으로 내놓은 대안은 함석통을 중국산 비단으로 대신하는 방법이었다. 설리반은 1908년에 중국산 비단으로 작은 주머니를 만들어 그 안에 차의 샘플을 넣어 고객에게 보냈다. 비단 주머니의 값은 함석통을 이용할 때 드는 비용에 비하면 반값에 지나지 않

▲ 설리반의 티백(1908)

았다. 더구나 비단 주머니를 통해 고급스런 느낌을 주고 동양의 신비까지 알리게 되니 일석이조가 되는 셈이었다. 작은 아이디어 하나로 문제를 멋지게 해결한 것이다.

그런데 비단 주머니 샘플을 받은 고객들은 물에 통째로 담가 우려 먹기 시작했다. 그리고 이 상품은 대단한 호응을 얻으며 순식간에 팔려 나갔다. 설리반 자신도 엉겁결에 발명가가 되어 버린 것이다. 우리가 지금 애용하고 있는 티백은 이렇게 우연히 태어났다.

물론 그 뒤로 많은 개선이 뒤따라, 지금과 같이 열에 견디는 종이 티백은 1930년 미국 보스턴 종이 회사의 윌리엄 허만슨(William Hermanson)이 발명하였다.

후쿠이에의 **주전자 뚜껑 구멍**

- 단 한 개의 구멍으로 성공한 발명 -

　일본의 후쿠이에는 평범한 샐러리맨이었다. 그는 별다른 욕심 없이 그저 건강하게 일할 수 있는 것에 만족하며 살아가고 있었다. 하지만 그는 자신에게 맡겨진 일에는 최선을 다해 꼭 이루어 내는 성실한 사람이기도 했다.

　어느 날 후쿠이에는 감기 몸살로 심하게 앓아눕게 되었다. 과로가 겹친 탓이었다.

　'일이 많이 밀려 있는데 이렇게 누워 있다니, 큰일이구나.'

　웬만한 병이라면 털고 일어나 출근할 후쿠이였지만, 이번에는 도저히 그럴 수가 없었다. 그는 침대에 누워 쉬고 있었다. 침대 옆에는 난로가 있고, 난로 위에서는 물이 담긴 주전자가 수증기를 뿜어내고 있었다. 방 안이 따뜻해지자 후쿠이에는 자신도 모르게 잠에 빠져들었다.

　그 순간이었다.

　"덜커덩, 덜커덩"

　그의 단잠을 깨우는 소리가 들렸다. 바로 주전자 속의 물이 끓자 뚜껑이 들썩거리는 소리였다. 시간이 지날수록 수증기의 힘은 강해져, 덜컹거리는 소리는 더욱 커졌다.

　'방 안이 건조하니 주전자를 올려놓기는 해야 할 텐데, 뚜껑이 덜컹거리는 소리 때문에 제대로 잠을 잘 수가 없으니 거참, 난감하군.'

　그렇다고 아예 뚜껑을 열어 놓을 수도 없는 노릇이었다.

그때 후쿠이에의 눈에 확 들어오는 물건이 있었다. 송곳이었다. 그는 송곳을 집어 들고 신경질적으로 주전자 뚜껑에 구멍을 뚫었다. 그러자 신기하게도 뚜껑이 들썩거리는 소리가 멎었다. 게다가 구멍을 통해 빠져 나온 수증기는 방 안의 습도 유지에도 안성맞춤이었다.

후쿠이에는 다시 침대로 돌아가 정신 없이 잠 속에 빠져들었다. 한참을 늘어지게 잔 다음, 후쿠이에는 정신을 차리고 주전자 뚜껑을 살펴보았다. 주전자 속의 물은 계속 끓고 있었지만, 덜컹거리는 소리는 들리지 않았다. 송곳으로 뚫은 구멍 사이로 수증기가 알맞게 새어 나오고 있었기 때문이었다.

'그렇다. 모든 주전자 뚜껑에 구멍을 뚫는다면 여러모로 지금보다 훨씬 편리해질 것이다.'

이렇게 생각하자, 후쿠이에는 계속 누워 있을 수가 없었다. 그는 간단하지만 실용적인 이 아이디어를 특허 출원해야겠다고 마음먹었다.

특허청을 찾은 후쿠이에는 '구멍 뚫린 주전자 뚜껑'의 실용신안 출원을 마쳤다. 이 소식이 알려지자 주전자 공장은 물론 냄비 공장에서까지 후쿠이에를 찾아왔다.

"후쿠이에 씨, 로열티를 지불하겠으니 저희에게 그 권리를 양도해 주십시오."

후쿠이에는 거절할 이유가 없었다.

시간이 지날수록 구멍 뚫린 뚜껑의 인기는 높아만 갔고, 후쿠이에의 수입 또한 계속 늘어났다.

생활 속에서 우연히 떠오른 작은 아이디어가 훌륭한 발명이 된 셈이다.

이다야의 **오돌토돌 고무표면**

− 생활 속 불편함을 재치 있는 아이디어로 해결 −

　세심한 관찰은 발명을 낳는다.

　'오돌토돌한 고무표면'이란 아이디어 하나로 갑부가 된 일본인 이다야 이와오가 좋은 예다. 이다야는 작은 철공소를 경영하는 사람이었다. 좀 더 잘 살아보려고 열심히 일했으나 생활은 좀처럼 나아지질 않았다.

　그러던 어느 추운 겨울날 저녁, 고무장갑을 끼고 설거지를 하던 아내가 접시를 떨어뜨려 깨고 말았다.

　'이걸 어쩌나?'

　아내는 무척 안타까운 표정이었다. 아내를 안심시킨 이다야는 고무장갑의 표면이 매끄러워 접시가 미끄러졌음을 깨달았다.

　다음 날 이다야는 시장에 나가 표면이 오돌토돌한 고무장갑을 찾아보았다. 하지만 표면이 오돌토돌한 고무장갑은 찾을 수 없었고, 아직 발명되지도 않았음을 확인했다. 이다야는 즉시 특허출원을 마치고 소량이기는 하지만 생산에 착수했다. 이다야가 만든 고무장갑은 생산되기가 무섭게 팔려 나갔다. 밀린 주문량만도 몇 년은 더 생산해야 할 정도였다.

　이다야가 크게 성공하자 오돌토돌한 장갑의 새로운 용도를 알려 주려는 소비자들도 줄을 이었다. 이다야는 이들의

아이디어를 적극적으로 반영하여 로열티(특허권 사용료)를 주고 사용하기도 했다. 다음은 이와 관련한 사례들이다.

첫 번째는 어느 병원의 간호사!

"환자들이 얼음 주머니를 이마에 얹을 때 미끈거린다고 기분 나빠하는데 이 장갑처럼 오돌토돌한 얼음 주머니를 만들면 어떨까요?"

이다야는 이 아이디어를 반영하여 즉시 생산에 착수하였으며, 역시 대성공을 거두었다. 의견을 낸 간호사는 자기 월급의 5배가 넘는 로열티를 지급 받았다.

두 번째는 이 간호사와 함께 근무하는 병원의 의사!

"오돌토돌한 고무장갑의 원리로 수술 장갑을 만들고, 오돌토돌한 강도를 낮춰 촉감이 좋은 콘돔을 만들면 어떨까요?"

이다야는 이 아이디어도 적극 반영하여 생산에 들어가 또다시 대성공을 거두었다. 물론 의사에게도 로열티를 지급했다.

세 번째는 신문팔이 소년!

"고무골무를 오돌토돌하게 만들면 신문을 세기가 편리할 것 같습니다."

이 아이디어 역시 즉각 반영되어 크게 성공함으로써, 신문팔이 소년도 많은 로열티를 받았다. 이 골무는 지금까지도 서류를 취급하는 관공서와 회사에서 자주 사용되고 있다.

인스턴트식품 중에서 단연 으뜸으로 손꼽히는 라면! 식품업계의 혁명으로까지 극찬 받았던 라면은 일본에서 시작됐다. 라면은 1958년 일본 닛신(日淸)식품의 회장 안도 모모후쿠(安藤百福)에 의해 개발되어 시판된 식품이다.

1950년대의 일본은 제2차 대전 패배의 후유증으로 인해 건국 이후 최대의 고난기를 겪고 있었다. 이 때문에 식량이 부족하여 미국에서 밀가루를 지원 받아 빵을 만들어 먹는 사람들이 부지기수였다. 안도는 대부분의 사람들이 쌀밥을 주식으로 하던 식습관 탓에 빵만으로는 공복감이 채워지지 않을 것이라고 판단하여, 밀가루를 이용한 새로운 식품을 개발하기로 결심했다. 그러나 이는 쉽지 않았는데, 어느 날 술집을 간 안도는 덴뿌라를 기름에 튀기는 것을 보고 힌트를 얻게 된다. 바로 집으로 돌아온 안도는 밀가루를 국수로 만들어 튀겨 보았고, 이후 몇 차례 실험 끝에 결국 라면 개발에 성공하였다. 안도가 만들어 낸 최초의 인스턴트 라면인 아지츠케면(味附麵)은 국숫발에 양념을 묻힌 것으로 끓는 물에 2분만 넣고 끓이면 되었다.

한편 국내에서는 1963년 삼양라면이 일본의 라면 제조기술을 도입해 삼양라면(치킨탕면)을 선보이면서 라면의 시대를 열었다. 그러나 당시 일반인들에게 라면은 생소할 뿐이어서 초기 반응이 시큰둥했다. 이후 박정희 정권의 혼분식 소비 권장정책에 힘입어 라면이 대중화됐고, 현재에 이르러서는 우리 일상에 빠질 수 없는 식품으로 자리잡게 되었다.

010 버스 손잡이를 잡은 손에서 착안한 간식

막대 핫도그

세계의 어느 나라를 가도 손쉽게 구해 먹을 수 있는 핫도그! 이는 인종과 국경을 뛰어넘은 세계인의 식품이다.

특히 조그만 막대 핫도그는 우리나라에서 인기가 많은데, 이는 누가 어떻게 발명했을까?

일본의 중소식품업체 기붕식품은 직무발명제도를 채택하여 직원들의 아이디어 개발에 사기를 북돋우고 있었다. 직무발명제도란 사원이 일과 관련하여 발명을 했을 경우 특허권은 회사가 갖지만, 로열티는 발명자에게 지급하는 제도다. 이 제도가 활기를 띠게 된 것은 야마모토 유키오라는 한 사원이 꼬치안주를 만들어 보상금과 승진의 행운을 잡은 후부터였다.

1977년 기붕식품의 생산부에 근무하고 있던 다나카 역시 발명에 몰두하기 시작했다. 그러던 어느 날 출근을 위해 버스에 올라탄 다나카의 눈에 한 모습이 포착됐다. 넘어지지 않으려고 버스의 손잡이를 단단하게 움켜쥔 소녀의 주먹이었다. 그 순간 작고 귀엽게 튀긴 과자를 떠올린 그는 긴 막대에 소시지를 끼운 핫도그를 발명했다. 이로 인해 다나카는 보상금과 함께 공장장으로 승진했고, 기붕식품은 세계적인 식품회사가 되었다.

011 유럽인의 평균 수명을 20년이나 연장시킨 이것?

비누

비누는 유럽인의 평균수명을 반세기 만에 20년이나 늘린 획기적이고 역사적인 발명이었다. 이 비누는 언제 어떻게 발명되었을까?

비누는 상당히 오래 전부터 인류와 함께 해 왔다고 알려져 있다. 서양에서는 기원전 2500년경 메소포타미아의 수메르인이 산양기름과 나무의 재를 끓여서 비누를 처음 만들었다고 한다. 또 고대 이집트의 경우 재와 기름을 섞어 손 씻는 약품을 만들었다고 전해진다. 비누 제조는 동식물의 지방에 가성소다나 가성칼리를 반응시키는 방법 또는 목재를 태워 얻은 재의 칼리 등이 이용됐다.

그러나 일반인들이 비누를 사용할 수 있게 된 것은 불과 200여 년 전부터이다. 200여 년 전 유럽 사람들은 목욕을 좋아하지 않아 매우 불결했고, 이로 인해 이질, 티푸스 같은 경구 전염병과 피부병에 시달리고 있었다. 이처럼 건강이나 위생상태가 심각하다보니 평균수명은 40세 미만에 불과할 정도였다.

하지만 1790년 프랑스의 화학자 니콜라스 르블랑(Nicolás Leblanc, 1742~1806)이 해수의 소금과 암염(巖鹽)을 원료로 소다

를 양산하는 방법을 발명하면서 비누가 보급되기 시작했고, 유럽인들을 괴롭혀온 갖가지 질병이 조금씩 사라졌다. 우리 조상들의 경우 녹두 가루, 쌀겨, 쌀뜨물, 잿물 등을 세안제로 사용하였다.

한편 "더러움을 날려 보낸다."는 뜻에서 이를 '비루'라 부른 것이 비누가 되었다고 전해진다.

012 버려진 원료에서 얻은 기발한 아이디어

물에 뜨는 비누

물에 뜨는 비누는 일본에서 비누공장을 경영하는 후지무라라는 여성에 의해 발명됐다. 그녀는 한 직공의 실수로 못쓰게 되어 버린 원료를 끈질기게 연구해 물에 뜨는 비누를 만들었다.

P&G사의 사장이었던 후지무라는 태국

의 방콕을 여행하던 중 강에서 목욕하는 사람들이 강물에 가라앉은 비누를 찾느라 허우적대는 장면을 보게 된다. 이를 본 후지무라는 물에 뜨는 비누가 있으면 편리할 것이라는 생각을 하였다.

비누공장이 많은 일본의 어느 지역, 점심을 먹기 위해 다른 직공들은 다 나가고 한 직공만이 큰 가마솥 앞에 앉아 꾸벅꾸벅 졸고 있었다. 점심시간이 끝나자 소란스러움에 잠이 깬 직공은 그만 새파랗게 질려 버리고 버렸다. 비누 원료가 그만 너무 끓어 솥에서 넘쳐 나와 바닥으로 흘러내리고 있었던 것이다.

잠시 뒤 거품이 거칠게 일어나 쓸모없게 된 원료를 본 후지무라 사장은 비누가 불에 타지 않고, 거품을 내는 사실에 충격을 받았다. 그리고는 여기서 착안, 목욕하다 비누를 강에 떨어뜨려도 불편을 겪지 않도록 한 '아이보리 비누'를 출시하여 성공을 거두게 된다.

---

013 아들의 효심이 탄생시킨 기계

계산기

은행이나 계산 업무가 필요한 곳이 아니더라도 요즘 계산기를 보유하고 있지 않은 곳은 거의 없다. 또 개인들 대부분이 소지하는 휴대폰에도 계산 기능이 장착돼 있어 우리의 일상에서 함께 하고 있다. 이처럼 일상의 필수품으로 자리한 계산기는 언제, 어떻게 만들어졌을까?

계산기는 프랑스의 수학자 블레즈 파스칼(Blaise Pascal, 1623~1662)에 의해 발명된 기계다. 파스칼의 아버지는 지방의 세금공무원이었는데, 매일같이 금전에 대한 대량의 가감술을 해야 하는 업무였다. 이는 많은 노력이 필요할 뿐만 아니라 결과 또한 정확하게 신뢰하기 어려워 일일이 체크를 해야만 하는 등 고단하고도 지루한 작업이었다. 아버지의 노고를 보다 못한 파스칼은

1642년, 19세의 나이에 10진법의 통화를 대상으로 한 간단한 원리를 이용해 계산기를 발명하기에 이른다. '파스칼린(Pascalin)'으로 불리던 이 계산기는 0에서 9까지의 숫자가 톱니바퀴의 회전으로 돌아가면서 덧셈과 뺄셈을 할 수 있었다. 예컨대 어느 톱니바퀴가 1회전할 경우 이보다 수학적으로 한 단위 높은 톱니바퀴가 10분의 1 회전하는 식이다.

파스칼의 계산기는 70대가 제조되었고, 그 중 몇 대는 프랑스 국왕에게 헌상되기도 했으나, 덧셈과 뺄셈 기능만 가능해 큰 주목을 받지는 못했다. 하지만 파스칼 계산기는 연산 시에 발생하는 올림수의 처리와 보수에 의한 음수의 표현이라는 두 가지 개념을 정립해, 현대의 컴퓨터에 많은 영향을 미쳤다.

▲ 파스칼의 계산기(1642)

잠깐상식 계산기의 원리는 무엇인가?
곱셈은 덧셈의 반복이고 나눗셈은 뺄셈의 반복이다. 뺀 나머지가 생길 때는 한 자리를 낮춰서 같은 과정을 반복한다.

014 어떻게 하면 쉽게 뜯고 찢을 수 있을까?

구멍 뚫는 기계

우표에 수없이 나 있는 바늘구멍들. 이것이 어떤 용도인지 진지하게 생각해 본 사람은 거의 없을 것이다. 그러나 곰곰히 생각해 보면 그 구멍이 얼마나 실용적인지 깨닫게 될 것이다. 지금부터 그 유래를 알아보자.

1854년, 영국의 철도업자 헨리 아처(Henry Archer, 1825~1909)는 우체국 여직원이 가위로 우표 수백 장을 자르느라 손에 멍이 가시지 않는 것을 발견했다. 헨리는 이 불편을 해결할 방법을 찾았지만 쉽사리 떠오르지 않았고, 무심코 애꿎은 종이만 바늘로 찔러 대고 있었다. 그러자 흰 종이에는 무수한 바늘구멍이 생겼고, 자기도 모르게 구멍 뚫린 종이를 잡아당기자 종이가 순식간에 찢어졌다.

여기서 힌트를 얻은 헨리는 재봉틀에 실을 끼우지 않고 박음질하는 아이디어를 떠올리고, 우표에 절단선을 찍어 내는 기계를 완성했다. 이 구멍 뚫는 기계는 아처에게 로열티(특허권 사용료)로 부와 명예를 안겨 줬다. 이후 사무용지와 고지서 등에도 이 아이디어가 확대돼 사무자동화의 원조로 기록되고 있다.

015 잦은 고장 앞에서 발생한 오기

보일러

초등학교도 채 마치지 못하고, 마흔이 넘어서까지 제재소를 운영해온 일본의 다구마는 숲 속에서 제재할 때 사용하는 증기기관을 수없이 수리해야 했다.

증기기관은 보일러에서 물을 끓여서 수증기로 기관을 움직이게 하는 것인데, 보일러의 고장이 잦아 이만저만 불편한 게 아니었다.

'아휴, 차라리 내가 만들고 말지……'

보일러의 고장 때문에 화가 난 다구마는 연구를 결심했으나 이는 생각보다 쉬운 일이 아니었다. 배운 것도 별로 없고, 많은 빚 때문에 절망감에 차 있던 그는 스스로를 보일러라고 생각하며 정리를 시작했다.

'파이프 속의 김은 어떻게 움직일까?'

결국 그는 바깥쪽에는 상승용, 안쪽에는 하강용의 이중 파이프를 고안하여 당시 세계 최고의 보일러를 발명하게 된다.

016 경마광의 노력이 낳은 극장문화의 시작

영사기

우리가 극장에서 영화를 볼 수 있는 것은 영사기의 발명 덕분이다. 영화필름을 영사하는 영사기는 미국의 존 긴즈와 프랑스의 뤼미에르 형제가 처음 발명했다. 하지만 이들의 발명이 이루어지게 된 데는 에드워드 마이브리즈 (Eadweard Mybridge, 1830~1904)라는 한 경마광의 노력이 따랐기 때문이라고 해도 과언이 아니다.

1872년 미국 샌프란시스코에 살고 있던 경마광 마이브리즈는 친구 스탠포드와 함께 말이 달리는 모습을 사진으로 찍기로 했다. 그리고는 경마장 안에 24대의 카메라를 사용하여 '움직이는 말 (The Horse in Motion)'을 찍었다.

첫 촬영 작업에 성공한 마이브리즈는 연구를 거듭한 결과 1초 동안에 82매의 사진을 찍는 데 성공했다. 그의 연속촬영이 성공하자 많은 사람들이 '움직이는 사진'을 발명하기 위한 연구를 시작하게 되었고, 이는 영사기의 발명으로 이어졌다.

▲ 움직이는 말(1872)

017 끈끈한 우정으로 탄생한 사무기기의 혁명

타자기

타자기는 1714년 헨리 밀, 1829년 오스틴 버트, 1833년 프리젠이 특허를 받은 것으로 알려져 있지만, 이들 타자기들은 실용화되지는 못했다.

컴퓨터의 등장 전까지 대표적인 사무기기로 주목받았던 타자기의 원리를 발명한 사람은 크리스토퍼 L. 숄즈(Christopher L. Sholes, 1819~1890)이다. 철공소 공원이었던 숄즈는 동료인 그리든과 더불어 '책 페이지 번호 달기 기계'를 만들고 있었다. 어느 날, 그리든은 숄즈에게 번호 달기 기계로 숫자와 함께 글자까지 쓸 수 있도록 하자고 제안했다. 그러나 자신들의 힘만으로는 어렵다고 판단, 인쇄소를 경영하는 사무엘 소울에게 협조를 요청했다. 이후 이들은 각자의 역할을 분담하였는데, 타자기의 연구 및 제작은 숄즈가, 그리든과 사무엘은 보조 및 후원자의 역할을 각각 담당하였다.

숄즈의 연구는 의외로 빠르게 진행되었고, 목재의 실물 모형을 만들어 1868년 6월에 특허출원을 하게 되었다. 이 제품은 잉크 리본을 이용한 타자기 특허를 받았지만 여전히 불안정한 제품이었다. 숄즈는 고민 끝에 현재와 같은 왼쪽 상단에 'QWERTY'를 배열하고 4개 열의 자판을 배치하는 타자기로 개량했다. 이 타자기는 상업적으로 성공을 거둔 최초의 타자기로 평가된다.

그러나 숄즈는 두 친구와 상의한 끝에 당대 최고의 실업가인 딘스모어와 요스트에게 1만 2000달러를 받고 타자기의 특허를 팔았다. 숄즈의 타자기는 1874년 재봉틀과 총기 제작사인 '레밍턴 총기회사'에 의해 생산되어 날개 돋친 듯 팔려 나갔다.

이후 1920년 전동식 타자기 발명에 이어 1961년부터는 수정, 재생이 가능한 기억장치를 갖춘 타자기가 나오면서 타자기는 사무혁명의 대명사가 됐다.

우리나라에서는 6·25전쟁 이후 클로버(경방공업주식회사)와 마라톤(동아정공)에서 생산, 판매되다가 컴퓨터의 등장으로 1996년 국내 타자기 생산은 중단됐다.

▲ 숄즈의 타자기(1872)

한편 세계에서 마지막으로 타자기를 생산하던 인도의 '고드레지 엔드 보이스' 사는 2011년 4월에 문을 닫았다.

내과질환의 혁신을 가져온 발명품

청진기

의사라면 누구나 가지고 있는 청진기는 환자를 진찰하는 데 있어 가장 기초적인 의료 기구다.

청진기를 처음 발명한 사람은 프랑스의 르네 라에네크(Rene Laennec, 1781~1826)이다.

그는 프랑스 브르타뉴의 캉페르에서 태어나 1801년 샤리테 병원학교에 들어가 의학을 정식으로 공부하였다. 후에 전문 병리학자가 된 그는 35세 때 프랑스 루브르궁의 안뜰을 산책하다가 아이들이 긴 나무막대를 가지고 노는 모습을 보게 되었다. 아이들은 나무막대를 서로의 귀에 대고 재잘거리며 웃고 있었다.

이 모습을 유심히 지켜보던 라에네크의 머릿속에 기발한 아이디어 하나가 떠올랐다.

'옳지, 저런 식으로 심장의 소리도 들을 수 있을지 모르겠다.'

그는 자신의 진찰실에서 종이를 말아 여러 가지 방법으로 실험을 시작했다. 그리고 종이를 말아 묶어 통 모양으로 만든 다음 그것을 환자의 심장에 대어 보았는데, 이것이 청진기를 사용한 최초의 청음 진찰이었다(1816년).

그는 이 발명품에 Stethoscope(그리스어로 '가슴을 본다'는 뜻)라는 이름을 붙였고, 나중에는 목재통으로 계량해 사용했다.

한편, 그의 청진기 발명은 모든 내과질환을 정확하게 진단하는 데 크게 기여했다.

▲ 라에네크의 청진기(1816)

019 019 우편요금의 혁신을 가져온 발명품

우표

전자우편, 휴대전화 등 여러 가지 최첨단의 통신수단이 발달되어 있는 현대에 살고 있으면서도 여전히 많은 사람들은 우편제도를 이용하고 있다. 우편제도는 직접 말로 전할 수 없는 내용을 담아 보낼 수 있다는 점에서 인간적인 특성이 가장 두드러진 통신이라고 할 수 있을 것이다. 따라서 아무리 최첨단의 통신수단이 발명된다 할지라도 우편제도는 쉽사리 소멸되지 않고 많은 사람들에 의해 이용될 것이 분명하다.

오늘날 우편제도의 꽃이라고 할 수 있는 우표는 영국의 로렌드 힐(Rowland Hill, 1795~1879)에 의해 처음 발명되었다.

어느 날, 힐은 편지를 받지 않겠다는 사람과 배달부가 다투는 것을 보게 되었다. 당시의 우편요금은 착불이었기 때문에 수취인이 배달료를 지불하게 되어 있었고, 이 배달료 때문에 편지를 거부하는 사태가 종종 있었다. 힐은 보내는 사람이 요금을 지불하면 이런 문제가 없어질 것으로 생각하고, 이를 영국 정부에 제안했다. 힐의 제안은 1839년 영국 의회에서 채택돼 1840년 정식 발표됐으며 그해 5월 6일 영국에서 세계 최초의 우표가 유통됐다. 이는 당시 영국 여왕이던 빅토리아 여왕의 얼굴이 인쇄된 검은색 1페니짜리 우표로 '블랙 페니(Black Penny)'라는 이름이 붙었다. 그리고 이틀 뒤엔 2펜스의 청색 우표도 발행됐다.

한편 힐은 우표를 발명해낸 공로를 인정받아 기사 칭호를 얻었고, 사후에는 웨스터민스터 사원에 안치됐다. 또한 그로 인해 생겨난 블랙 페니는 2007년 경매에서 40만 달러에 낙찰되기도 했다.

▲ 블랙 페니(1840)

020

천막 천에서 탄생한 전 세계인의 패션 아이콘

청바지

전 세계 남녀노소 가릴 것 없이 즐겨 입는 청바지는 실패를 딛고 일어선 대표적인 발명품으로 손꼽힌다.

이 청바지를 처음 발명한 사람은 누구일까? 발명가는 바로 천막 천의 생산업자였던 미국의 리바이 스트라우스(Levi Strauss, 1829~1902)다.

1850년 미국 서부는 골드러시로 법석을 떨고 있었다. 그러자 황금을 캐려고 몰려드는 사람들로 서부는 초만원을 이루었고, 전 지역이 천막촌으로 변해 갔다. 스트라우스는 이로 인해 톡톡히 재미를 보고 있었는데 어느 날, 군납 알선업자가 대형 천막 10만여 개에 들어갈 천막 천의 납품을 주선하겠다고 제의했다.

스트라우스는 3개월간 주문량을 만들어 냈으나, 군납의 길이 막히는 어처구니 없는 사건이 발생했다. 홧김에 술집에 들른 그는 광부들이 모여 앉아 헤진 바지를 꿰매는 모습을 보게 되었다. 그때 문득 천막 천으로 바지를 만들면 잘 닳지 않을 것이라는 아이디어가 떠올랐다. 그의 생각은 적중했고, 시장에 첫 선을 보인 이 제품은 광부들 사이에서 큰 인기를 얻었다.

이후 스트라우스는 바지옷감을 데님(denim)으로 바꾸고, 색깔도 파란색으로 염색했다. 이 질기고 튼튼한 청바지는 일반인들에게도 보급돼 선풍적 인기를 누렸다.

▲ 리바이 스트라우스

021 말라리아 연구에서 얻어진 우연한 발견

합성염료

현재 우리가 사용하는 물감은 거의가 합성물감이다. 이것은 독일의 화학자 호프만의 석탄타르 연구를 돕던 조수 윌리엄 퍼킨(William Henry Perkin, 1838~1907)에 의해 발명된 것이다. 퍼킨의 물감이 발명되기 전에는 식물이나 동물 등에서 물감을 얻어내 염색 등에 사용했는데, 이러한 천연염료는 뽑아내기가 어렵고 또 그 값도 비쌌다.

런던의 왕립 화학대학 교수인 호프만의 실험실에는 많은 학생들이 모여들었다. 그 가운데 17세의 학생인 헨리 퍼킨은 가장 나이가 어린 학생이었으나, 실험에 매우 열중하는 성실한 학생이었다. 어느 날 호프만은 말라리아 특효약인 키니네를 합성하려 했고, 그 실험을 권유받은 퍼킨은 약품조합을 실험하다 검은 침전물이 생기는 것을 보았다. 호기심이 생긴 그는 침전물을 알코올에 녹이다가 붉은 색으로 변하는 것에서 착안하여 1856년에 '모브(Mauve)'라는 물감을 발명하게 되었다.

퍼킨은 이 붉은색의 염료로 비단을 염색할 수 있다는 사실을 알아내고, 학교를 나와 아버지와 함께 염료공장을 설립하였다. 예상대로 새 염료는 큰 성공을 거두게 된다.

모브는 아날린 염료에 속하는 최초의 합성 유기염료로 모브의 합성은 오늘날의 염료공업의 출발점이 되었다.

▲ 오리지널 모브(1856)

"하나의 **발명**은
전 인류의 행복이다."

– 헨리 픽쳐

둘째 마당 _
화제가 되었던 기발한 발명

22. 저드슨의 지퍼 _ 군화끈을 매야 하는 불편함이 낳은 발명
23. 버버리의 레인코트 _ 고무보다 좀 더 편리한 비옷은 없을까?
24. 르 베리에의 일기예보 _ 크리미아 전쟁 중에 발명
25. 킴벌리의 크리넥스 _ 휴지와 감기의 관계 마케팅을 활용한 아이디어
26. 퍼시의 전자레인지 _ 레이더가 탄생시킨 주방의 혁신적 발명품
27. 파팽의 압력 증기 요리기 _ 증기에 대한 관찰과 탐구로 탄생한 주방요리기
28. 가네보 사의 페로몬 향수 _ 페로몬으로 이성을 유혹하라
29. 무리에의 마가린 _ 나폴레옹의 지시로 만들어진 버터 대용품
30. 크레인의 구멍 뚫린 사탕 _ 캔디를 사랑한 캔디 판매상의 재치
31. 칼디의 커피 _ 에티오피아에서 시작된 악마의 유혹
32. 팸버튼의 코카콜라 원액 _ 며느리도 모르는 유혹의 블랙 음료
33. 작은 구멍 하나가 만들어낸 기적 _ 각설탕 포장법
34. 정육면체의 두뇌놀음기 _ 큐브 퍼즐
35. 포수를 위험에서 구해내라! _ 글러브 & 마스크
36. 농작물을 병충해로부터 보호할 수 없을까? _ 농약
37. 어부지리 발명품의 대히트 _ 담뱃값 뜯기 테이프
38. 얼음으로 된 이글루안은 왜 춥지 않을까? _ 보온병
39. 루비가 다이아몬드의 구멍을 뚫는다고? _ 인조루비 레이저
40. 사탕은 어떻게 전파됐을까? _ 사탕
41. 아이스크림을 먹는 것이 죄라고? _ 아이스크림
42. 음료수에 이산화탄소를 넣었다고? _ 소다수
43. 단맛은 업, 칼로리는 다운 _ 인공감미료
44. 운전자들의 과속을 막아라 _ 속도계
45. 육체노동으로부터 여성을 해방시킨 발명품 _ 세탁기
46. 공포와 더러움의 상징인 화장실을 변화시킨 기구 _ 수세식 변기
47. 시력교정부터 멋내기까지, 필수품이자 액세서리 _ 안경
48. 쉽게 먼지를 제거할 수 있는 방법은 없을까? _ 진공청소기
49. 부의 상징에서 비를 피하기 위한 수단으로 _ 우산
50. 복잡한 수학문제를 쉽게 계산할 수 있는 방법은? _ 주판

저드슨의 **지퍼**
– 군화끈을 매야 하는 불편함이 낳은 발명 –

지퍼(Zipper)는 미국 시카고의 직공 출신인 휘트콤 저드슨(Whitcomb L. Judson, 1836~1909)에 의해 처음으로 발명되었다. 몸이 뚱뚱했던 저드슨은 아침마다 허리를 숙여서 군화끈을 매야 하는 불편함을 겪었다. 이런 번거로움이 너무 싫었던 저드슨은 아예 회사를 그만

▲ 휘트콤 저드슨

두고 연구에 몰두했고, 마침내 지퍼를 발명해 냈다.

그가 발명한 후크-앤-아이(Hook-and-Eye) 지퍼는 1893년에 특허를 얻었다. 이 지퍼는 한쪽에 있는 일련의 금속 갈고리들이 다른 쪽의 금속 눈들과 맞물리도록 제작되었는데, 손을 사용하거나 슬라이드를 움직여 두 조각을 합치게 하여야만 연결할 수 있었다. 저드슨의 지퍼는 획기적인 발명이었으나 발명 당시에는 별다른 호응을 얻지 못했다. 왜냐하면 지퍼의 형태가 몹시 투박해서 옷에 사용하기엔 너무나 어울리지 않았기 때문이다.

저드슨의 지퍼는 1893년 시카고 박람회에 출품되었는데, 당시의 명칭은 'C-큐어리티(Curity)'였지만 실용성이 부족해 상품화하는 데는 실패했다. 이때 워커라는 육군 중령이 저드슨으로부터 지퍼를 사들였다. 그러나 지퍼의 편리함을 대중적인 것으로 하기 위해 워커는 지퍼 자동제조기계를 발명하는 데 무려 19년이라는 짧지 않은 시간을 소비해야만 했다. 그 긴 고통의 시간을 견뎌내고 발명한

이 기계도 사겠다고 나서는 사람이 없자 워커는 가격을 파격적으로 내렸다.

1912년 이 기계를 본 브루클린의 쿤 모스라는 양복점 주인은 구두끈 대용으로만 쓰기에는 아깝다고 생각하고 이를 양복의 복대에 적용해 보기로 했다. 그는 아주 싼값에 워커로부터 이 기계를 사들여 성공했다. 그는 지퍼를 해군복에도 붙여 군대에도 팔았으며, 그의 새로운 아이디어로 만들어진 제품들은 크게 성공을 거두었다.

▲ 저드슨이 군화끈을 대체해 발명한 후크-앤-아이 지퍼

1913년 기드온 선드백이 오늘날과 같은 형태의 지퍼를 고안해 냈고, 10년 뒤 1923년 BF 굿리치 사가 부츠 이름에 '지퍼'란 이름을 처음 붙였다. 이후 지퍼가 널리 보급되면서 잠금장치를 지칭하게 되었다.

오늘날의 지퍼는 플라스틱 지퍼, 방수가 가능한 평면지퍼, 지퍼의 고리를 들 때만 지퍼가 상하로 움직이는 안전지퍼 등이 개발되어 우리들의 생활을 편리하게 해 주고 있다.

현재 지퍼시장은 일본의 YKK가 전 세계의 60% 이상을 차지할 정도로 YKK에 의해 기술개발이 이뤄지고 있다. 1934년 설립된 YKK는 대표 요시다 타다오의 이니셜을 따서 만들어진 것이다.

📁 이건 뭐?

지퍼 이름의 유래

원래 지퍼의 명칭은 미끄러지며 잠근다는 의미의 '슬라이드 패스너(slide fastener)'였다. 그러나 1923년에 굿리치 사가 장화를 열고 닫을 때 나는 '지-지-지-프(Z-ZZIP)'란 소리에 착안하여 '지퍼(Zipper)'라는 장화의 상표를 개발하면서 이름이 바뀌게 되었다. 그러니까 지퍼는 장치의 이름이 아니라 장화의 상표가 장치의 이름을 대신한 경우이다. 한편 지퍼의 또 다른 영어 이름은 'chuck(잠금 기구)'이다. 이 말이 일본에서는 자크라고 불렸는데, 과거 우리나라도 일본의 영향으로 지퍼를 자크라고 부르기도 했다.

버버리의 **레인코트**

– 고무보다 좀 더 편리한 비옷은 없을까? –

사람들은 '버버리(Burberry)' 하면 대부분 봄가을에 입는 가벼운 코트를 생각한다. 그러나 버버리는 레인코트를 만드는 옷감인 '개버딘(gabardine)'을 발명해 특허를 받은 발명가의 이름이자 레인코트의 대표적 브랜드이다.

영국의 대표적 발명가인 토머스 버버

▲ 토머스 버버리

리(Thomas Burb erry, 1835~1926)는 당시만 해도 벌써 수십 가지의 발명에 도전해 특허까지 받았으나 어느 것 하나 상품화에 이르지 못해 전전긍긍하고 있었다.

그러던 어느 해 봄날, 봄을 재촉하기라도 하듯 봄비가 하루 종일 부슬부슬 내리고 있었다. 버버리는 이날따라 할 일이 많았다. 어쩔 수 없이 자동차 튜브 같은 고무로 만든 레인코트를 입고 하루 종일 돌아다녔는데, 여간 무겁고 불편한 게 아니었다. 하루 일을 마치고 나니 온몸이 습기와 땀에 젖어서 한마디로 기진맥진이었다.

'레인코트를 고무로만 만들어야 되나? 좀 더 가벼운 방수옷감으로 만들면 한결 가볍고 편리할 텐데……'

순간, 버버리는 방수옷감을 만들면 틀림없이 성공할 것 같은 생각이 들었다. 버버리의 연구는 일사천리로 이어졌고, 그 생각은 어김없이 적중했다. 1888년 인공 고무섬유로 짠 방수옷감 개버딘이 드디어 발명된 것이다.

그가 만든 레인코트가 등장하자 시장이 발칵 뒤집혔다. 방수가 되는 옷감으로 만든 레인코트의 출현은 당시로서는 획기적인 일이었다. 개버딘은 여름에는 시원하고 겨울에는 따뜻할 뿐만 아니라 습기에도 강해서, 습한 영국 기후에는 더없이 알맞은 옷감이었기 때문이다. 이 레인코트는 드디어 군인들이 참호에서 입는 트렌치코트로까지 채택되는 등 그 인기가 하늘 높은 줄을 모르고 치솟았다.

이 소식은 영국 국왕인 에드워드 7세에게까지 알려져 왕족들까지 즐겨 입게 되었고, 비가 오지 않는 날에도 즐겨 입는 코트로 자리매김되었다. 덕분에 발명가 버버리는 영국 왕실의 지정 상인이 될 수 있었고, 왕족 못지않은 부와 명예를 누릴 수 있었다고 한다.

이후 버버리 코트는 남극 탐험가 아문젠, 대서양 횡단자 알콕경, 유럽 각국의 왕족 및 명문가, 심지어 할리우드 스타들까지 애용하며 세계인의 사랑을 받게 되었다. 또한 버버리는 영국 정부로부터 6회나 수출상을 수상하는 영광을 차지했다.

이처럼 고정관념을 깨고 새로운 것을 만들어낸 혁신적인 마인드, 실패한 제품을 대박으로 바꿀 수 있게 해준 관찰력, 생활 속 불편함을 개선하려던 작은 아이디어들이 모여 전 세계의 패션 판도를 뒤바꿔 놓았다.

▲ 제1차 세계대전 당시 버버리 레인코트를 입은 영국 군인

르 베리에의 **일기예보**
- 크리미아 전쟁 중에 발명 -

우리 생활과 밀접한 관계에 놓여 있는 일기예보는 일상 중에서 빼놓을 수 없는 필수 정보이기도 하다. 그렇다면 이 일기예보는 언제, 어디서, 어떻게 하여 처음 시작되었을까?

▲ 위르뱅 르 베리에

1851년 여름 영국의 런던에서는 대박람회가 열리고 있었다. 프랑스의 천문학자인 위르뱅 르 베리에(Urbain Jean Joseph Le Verrier, 1811~1877)는 박람회를 구경하기 위해 런던에 머무르고 있었다.

어느 날, 박람회 구경을 마치고 호텔로 돌아가던 르 베리에는 〈데일리 뉴스〉라는 신문사 앞에서 걸음을 멈추었다. 신문사의 벽에는 커다란 영국 지도가 붙어 있었고, 많은 사람들이 그 앞에서 웅성거리고 있었던 것이다. 지도에는 가로 곡선이 몇 줄 그어져 있었으며, '영국의 천기도'라고 쓰여 있었다.

'이게 도대체 무엇을 뜻하는 거지?'

호기심을 감추지 못한 그는 며칠 후, 신문사를 찾아갔다. 그곳에서 르 베리에는 그리니치 천문대에 있는 글레이셔라는 과학자를 만나 천기도에 대해 자세한 설명을 들었다. 글레이셔는 2년 전부터 각 지방의 천기 상태나 기압·기온 등을 모아서 천기도를 그려 신문에 싣고 있었다.

글레이셔의 설명을 들은 르 베리에는 귀국 후 프랑스 정부에 천기예보소의 필요성을 말하고, 설치를 부탁했다.

"일기를 미리 알 수 있다면 프랑스의 산업 발달에 많은 정보를 제공할 수 있어 큰 도움이 될 것입니다."

그러나 그의 요청은 거절당했다. 이후 크리미아 전쟁이 발발하였고, 프랑스 정부는 영국과 함께 터키를 도와 러시아와 싸우게 되었다. 프랑스와 영국 해군은 세바스토폴 항구 밖에 배를 멈추고 맹렬한 공격을 가하고 있었다. 그러는 동안 날이 저물어 포격을 멈추고 싸움을 잠시 중단하게 되었는데 밤부터 세찬 바람이 불더니 다음 날부터는 태풍으로 변했다. 세바스토폴 항구의 앞바다에 정박해 있던 프랑스의 거대한 군함 앙리호는 결국 뒤집혀서 침몰하고 말았다. 이에 놀란 프랑스 해군장관이 파리천문대의 르 베리에를 전화로 급히 찾았다.

"르 베리에 씨, 군함이 침몰되었소. 태풍이 일어난 경위와 원인을 조사해 주시오."

르 베리에는 프랑스는 물론이고, 영국 · 이탈리아 · 스페인 및 유럽 각국의 천문 기상학자들을 통해 알아낸 250개 지방의 기상 상태를 급히 그렸다. 그리고는 태풍의 경위와 진로를 한눈에 볼 수 있는 천기도를 가지고 해군장관에게 갔다.

"보십시오. 그 태풍은 유럽의 서해에서 이곳을 지나 흑해로 갔습니다. 이 천기도를 보면 태풍이 다음에는 어디로 갈 것인지도 알 수 있겠지요?"

설명을 듣고 난 해군장관은 천기도의 필요성을 정부에 건의하도록 했다. 이에 용기를 얻은 르 베리에는 마침내 프랑스에 최초로 기상국을 설립하였고, 매일 매일의 기상도를 작성하여 일기예보를 하게 되었다. 이때부터 세계의 다른 나라들도 앞다투어 일기예보를 시작했다.

킴벌리의 **크리넥스**

― 휴지와 감기의 관계 마케팅을 활용한 아이디어 ―

　진정한 발명품이자 상품이 되려면 적절한 홍보와 판매 전략이 필요하다. 때문에 발명이라 하면 아이디어를 만들어 내는 일련의 과정에서부터 대중에게 널리 알리는 순간까지를 모두 포함하기도 한다.

　셀루코튼(Cellucotton)도 이러한 실용화 작업이 부실했다면 살아남기 힘든 발명품이었다.

　제1차 세계대전이 한창이던 1914년 당시 유럽은 먹을 것, 입을 것, 신을 것, 모두가 모자랐으며 병들어 있었다. 특히 매일 쏟아지다시피하는 부상병들을 치료할 붕대, 솜, 거즈 그 어느 것도 충분치 않았다. 전쟁에서 승리하자면 이런 필수물자의 확보가 절대적이었으므로, 기업들은 직간접적으로 대체물자 개발에 주력하게 되었다. 제지회사 '킴벌리 클라크(Kimberly Clark)'도 이 개발 사업에 동참하여 솜을 대신할 제품 개발에 나섰다. 그렇게 해서 탄생된 것이 바로 셀루코튼이다. 셀루코튼은 소량의 솜과 나무의 펄프 섬유소를 이용하여 만든 것으로, 솜과 마찬가지로 뛰어난 흡습성을 지니고 있었다.

　전쟁이 한창이던 때, 셀루코튼의 인기는 하늘을 찌를 듯 했다. 유럽뿐 아니라 미국의 병원에서도 솜 대신에 이 셀루코튼을 사용하였고, 또 가스 마스크의 필터로도 훌륭하게 이용되었다. 그러나 전쟁이 끝나자 셀루코튼의 인기도 한풀 꺾었다. 킴벌리로서는 이 발명품을 사장시키지 않기 위해서 새로운 판로를 개척하는 수밖에 없었다.

1924년에 단행한 킴벌리의 셀루코튼 변신 전략은 가히 획기적이었다. 셀루코튼을 종이장과 같이 얇게 만들어 얼굴의 화장을 고치는 휴대용 천으로 탈바꿈시킨 것이다. 의료용 솜과 얼굴 화장지, 그 누구도 예상치 못한 관계였다. 이 변신은 일단 성공적으로 보였다.

그러나 소비자들의 반응은 냉담하기만 했다. 모두들 천으로 만든 손수건에 만족하고 있었던 것이다. 이 곤경에서 벗어나기 위해 킴벌리는 인기 있는 영화배우들을 기용하여 대대적인 홍보를 펼치기도 하고, 품질을 개선하기 위한 노력을 기울였다. 한 장씩 연속적으로 뽑아지도록 고안된 상자티슈도 이때 개발되었다. 또한 '크리넥스(Kleenex)'라는 고유의 상표가 사용되기 시작한 것도 바로 이 무렵이다.

크리넥스란 브랜드명은 1924년 당시 회사의 소유주였던 '바바라 크리넥스(Barbara Kleenex)'의 이름에서 따온 것이다.

이런 피나는 노력에도 불구하고 킴벌리는 별다른 성과를 얻어내지 못했다. 화장 전용 티슈를 만들겠다는 단순한 전략이 바로 실패의 원인이었기 때문이다. 킴벌리의 티슈 개발팀이 이 사실을 알아챈 것은 일리노이주 지방 방문에 이르러서였다. 그 지역 대부분의 사람들은 티슈 대신 손수건으로 얼굴의 화장을 지우고 있었으며, 이에 대해 불만이나 불편하다는 사람도 없었다. 이때 킴벌리가 새롭게 발견한 것은 바로 휴지와 감기의 오묘한 관계였다. 감기로 시달리는 이들이 손수건으로 코를 훔치고 다시 주머니에 넣는 광경을 목격한 킴벌리의 개발팀은 크리넥스의 새로운 광고문안을 작성하기에 이르렀다.

"당신 주머니에 감기를 넣고 다니지 마세요."

크리넥스가 이 광고 한 편으로 엄청난 판매 수익을 올렸음은 물론이다.

▲ 크리넥스

퍼시의 **전자레인지**

- 레이더가 탄생시킨 주방의 혁신적 발명품 -

▲ 퍼시 L 스펜서

필수 가전제품 가운데 하나인 전자레인지의 기본 원리는 극초단파(Microwave)를 음식물에 쬐어 불 없이 음식물을 익히는 것이다. 극초단파는 1초에 전기장의 방향이 10억 번에서 300억 번까지 바뀌는 전자기파인데, 이것이 음식물 속의 물 분자를 빠르게 움직이게 하여 음식물이 익게 되는 것이다.

전자레인지를 발명한 사람은 미국의 퍼시 L. 스펜서(Percy L. Spencer, 1894~1970)이다. 전자레인지 발명은 그의 성실한 노력에 우연이 더해진 결과다. 집안 형편이 어려워 초등학교도 졸업하지 못했던 그는 철공소를 거쳐 군수장비 회사인 '레이시온(Raytheon) 사'에서 일하였다. 스펜서는 비록 학교를 제대로 다니지는 못했으나 끊임없는 노력과 연구로 120여 개의 특허를 가진 발명가가 되었다.

1945년 어느 날, 레이더 연구에 몰두해 있던 스펜서는 주머니에 손을 넣는 순간 깜짝 놀랐다. 군것질거리로 넣어 두었던 주머니 속의 초콜릿이 뜨거운 것이 없었는데도 모두 흐물흐물 녹아 버렸던 것이다. 다음날도 똑같이 주머니에 초콜릿을 넣어 두었더니 마찬가지 결과가 나왔다. 초콜릿이 왜 녹았는지 오래 고민한 결과 그는 마이크로파와 관련이 있을 것이라고 추측하고 곧바로 실험에 돌입했다. 그는 마그네트론으로 팝콘을 튀겨 보고 달걀을 익히는 실험을 해본 결과 모두 성공한 뒤 마이크로파로 요리가 가능함을 확신하게 되었다.

▲ 퍼시 스펜서가 처음 개발한 전자레인지(1946)

1946년 마침내 스펜서는 레이더용 마이크로파를 이용하여 불을 쓰지 않고도 음식을 조리하는 전자레인지를 만들어 냈다. 레이시온 사는 최초의 전자레인지에 '레이더레인지(raderrange)'라고 이름을 붙였다. 이 전자레인지는 높이 150cm에 무게가 340kg이나 되는 엄청난 크기였다. 따라서 가정집보다는 큰 식당이나 열차, 배 등에서 주로 썼다.

이후 기술의 발달로 전자레인지는 점점 작아졌다. 또한 전문 요리사가 아니라 보통 가정주부도 쉽게 음식을 만들 수 있도록 기능도 다양해지고 간편해졌다.

한편 우리나라에서는 1981년부터 전자레인지가 생산되기 시작했다.

이건 뭐?

전자레인지(microwave range)

전자기파(microwave)를 이용하여 식품을 가열하는 조리 기구. 전자기파(마이크로파)를 식품에 가하면 식품의 물 분자들이 회전하게 되고, 이 운동이 주위의 물 분자에 급속히 전달되어 식품 전체가 신속하게 가열되는 방식이다. 이 방식은 식품의 내부를 직접 가열할 수 있고 조리 시간도 대폭 단축할 수 있다. 또한 가열에 의해 식품의 표면이 타거나 눋지 않고 비타민이 적게 파괴되는 장점이 있다. 전자레인지라는 이름은 일본식 조어로, 정확한 명칭은 '극초단파 오븐(microwave oven)'이다.

파팽의 **압력 증기 요리기**

– 증기에 대한 관찰과 탐구로 탄생한 주방요리기 –

집집마다 주방에는 종래의 솥 대신 압력솥이 자리를 잡고 있다. 압력솥은 제2차 세계대전 뒤 시간과 연료를 절약하기 위해 만들어진 것으로, 데니스 파팽(Denis Papin, 1647~1712)이라는 발명가가 발명한 증기 찜통을 개량한 것이다.

▲ 데니스 파팽

증기기관의 개발자이기도 한 파팽은 1647년 프랑스 프로아에서 태어났다. 소년 시절 그는 런던으로 가서 로버트 보일의 조수가 되었다. 파팽은 그 덕분에 런던에 있는 영국 최고의 자연과학학회인 '로열 소사이어티(Royal Society)'에 자유로이 드나들 수 있게 되었다. 로열 소사이어티는 자연에 관한 지식을 보급하는 런던 왕립학회이므로, 그곳을 드나든다는 것은 어린 파팽에게 엄청난 혜택이 아닐 수 없었다. 접하는 모든 과학지식들이 그저 신비하고 놀랍기만 했다. 이때부터 파팽은 액체 또는 고체로부터 증발하거나 승화하여 생긴 기체, 즉 증기에 관해 관심을 갖기 시작했다.

'증기란 대단한 힘을 가지고 있어. 이 증기를 이용하여 음식물을 요리한다면?'

파팽은 곧 보일에게로 달려갔다.

"모든 요리는 증기로 이루어집니다. 이 증기의 효과를 최대한으로 이용해 보자는 거죠. 증기가 새어 나가지 않도록 꼭 닫히는 뚜껑을 달고, 찜통 내부에 압력을 주어 물의 비등점을 높이면 틀림 없이 훌륭한 요리기구가 되리라고 생각합니다."

파팽은 자신의 생각을 조리 있게 설명했다.

"으음, 일리가 있는 설명일세. 열심히 해 보게나. 만약 성공한다 면 훌륭한 발명이 될 걸세."

보일의 격려로 자신감을 얻은 파팽은 이때부터 연구에 몰두했 다. 그리고 1679년 마침내 뚜껑에 안전장치가 달린 압력찜통을 발명하는 데 성공했다. 1680년 12월 8일, 파팽은 로열 소사이어 티의 평의회 모임에서 선배 발명가인 크리스토퍼 레인에게 자신 의 발명품인 압력 찜통의 원리와 중요성에 대해 설명했다.

그의 설명을 듣고 난 레인은 파팽에게 적극적으로 증기 압력 찜통에 관한 보고서를 발표하라고 권했다. 당시만 해도 보고서 발표만으로 독 점권(특허권)을 행사할 수 있었기 때문이다. 파팽의 압력 찜통 요리법 은 획기적인 것이어서, 옛날부터 내려오던 요리법을 송두리째 바꿔 놓았다. 아무리 질긴 쇠고기라도 압력 찜통을 이용하면 부드럽고 맛 좋은 살코기처럼 요리할 수 있었다. 파팽은 자신이 발명한 증기 압 력 찜통의 원리와 그 사용법에 대한 설명 을 상세하게 적어 ≪새 찜통≫이라는 제목 의 책을 펴냈다. 그는 이 책에서 안전장치 의 중요성과 구조를 상세하게 설명했을 뿐 만 아니라, 수많은 육류·해산물·농산물 에 대한 요리법도 실험 결과와 함께 설명해 놓았다. 이 책은 과학자들뿐만 아니라 오히 려 주부들에게 더 많은 관심을 불러 일으켰 고, 소문은 곧 전국적으로 퍼져 나갔다. 덕 분에 파팽은 조수에서 연구원으로 승진하 는 영광도 차지하게 되었다.

▲ 파팽의 압력증기 요리기(1679)

가네보 사의 **페로몬 향수**

― 페로몬으로 이성을 유혹하라 ―

　자연이 암과 수라는 두 가지의 조화로 운영된다는 것은 누구도 부인할 수 없는 진리이다. 이 때문에 여성이 남성을 그리워하고 남성이 여성에게 끌리는 것은 당연한 이치다. 어쩌면 자연계의 아름다움은 이성의 조화에서 나오는 건지도 모른다.

　그런데 언제부터인가 이 자연의 이치를 상품화하여 성공한 사례가 종종 나와 화제가 되었다. 이 가운데 대표적인 상품이 이성을 유인하는 물질로 알려진 페로몬(Pheromone)이다. 이 상품의 성공 비결은 무엇일까? 정말 이성을 유혹하는 명약일까?

　페로몬은 원래 동물들이 정보를 주고받을 때 분비하는 물질이다. 개미가 먹이가 있는 곳에 대한 정보를 즉시 공유하고 모여드는 것이나, 바퀴벌레들이 회의하듯 한곳에 모여드는 것 등이 모두 이 페로몬 때문이라고 한다. 또한, 발정기에 있는 동물이 이성을 유혹하기 위해 발산하는 물질도 페로몬이다. 이른바 사랑의 묘약인 셈이다. 그러나 이제까지 알려진 바에 따르면 인간의 페로몬 기능은 퇴화한 것으로 되어 있다. 여러 가지 감각의 발달로 차원이 낮은 기능이 사라졌다는 설명이다.

　그런데 어떻게 이 페로몬 향수가 개발될 수 있었을까?

　이에 대해서 상품의 개발사인 가네보 화장품 측 관계자들은 "사람에게는 아직 페로몬 기능이 남아 있다."고 말한다. 같은 기숙사 여성들의 생리주기가 같아지는 '기숙사 효과(dormitory effect)'나 여성이 남성의 품에 안길 때 얻게 되는 심리적 안정 현상들이 그 증거라는 것이다. 어쨌든 이 페로몬이라는 물질에 대한 일반 소비자들의 반응은 한마디로 열광적이었다.

처음 가네보 사가 페로모나라는 물질을 합성해서 '섹상글'이란 남성용 향수를 내놓았을 때, 그 성공은 미지수였다. 과연 "이성의 관심을 끌게 될지도 모른다."는 주제가 얼마나 먹혀들 것인가 내심 불안했던 것이다. 그러나 사실 그들의 신상품은 인간에게 숨어 있는 본성의 핵심을 꿰뚫는 멋진 아이디어였다. 편하고 즐거운 것을 찾는 인간의 본성과 함께 이성을 그리워하는 동물의 본성이 그대로 맞아떨어진 것이다.

이 상품은 시장에 나오자마자 그야말로 대히트 상품이 되었다. 이에 힘입어 가네보 사는 페로모나 효과를 섬유에도 도입했다. 마이크로 캡슐에 페로모나를 넣어 옷감에 부착한 것이다. 이른바 '향기가 나는 옷감'이 바로 그것이다.

이후 일본의 다른 화장품 회사들도 앞다퉈 이 시장에 뛰어들었다고 한다. 이 같은 페로몬 향수의 열풍은 무엇보다 성공적인 아이디어를 개발하기 위해서는 인간 공통의 관심사가 무엇인지 정확히 꿰뚫어 볼 줄 알아야 한다는 것을 시사한다.

향수의 기원

향수의 어원은 '연기를 통하여'라는 라틴어 'Per fumare'에서 유래됐다. 향수는 약 5000년 전의 고대 사람들이 종교적 의식을 치를 때 신과의 교감을 위한 매개체로 사용되었다고 한다. 인도 파미르 고원은 방향의 발상지로서 각종 열대성 향료식물들이 힌두교 분향의식에 쓰여졌다. 그후 향수는 이집트 문명권을 거쳐 그리스와 로마 등지로 퍼져 귀족계급의 기호품이 되었다. 근대적 의미의 향수가 나온 시기는 1370년경으로서 지금의 '오 드 트왈렛'풍의 향수인 '헝가리 워터'가 발명되었다. 이것은 헝가리의 엘리자베스 왕비를 위해 만들어진 것인데 증류향수이며, 최초의 알코올 향수이다. 우리나라에는 372년과 382년에 각각 고구려, 백제의 승려가 중국에 파견되었다가 돌아오면서 향료를 들여왔다는 기록이 남아 있다. 현대 향수의 기틀은 1882년 프랑스의 향수 제조업자 겔랑에 의해 만들어졌다.

무리에의 **마가린**

– 나폴레옹의 지시로 만들어진 버터 대용품 –

우유를 여러 가지로 가공하여 만든 식
품을 유제품이라고 하는데, 그 유제품
가운데서 가장 대표적인 식품이 버터다.
마가린(magarine)은 바로 이런 버터의
대용품으로 만들어진 것이다.

마가린은 나폴레옹 3세 때인 1867년 프
랑스의 이폴리트 메주 무리에(Hippolyte

▲ 메주 무리에

Mège-Mouriès, 1817~1880)라는 화학자가 발명하였다. 무리에
는 기름에 대한 연구를 하던 화학자였다.

여느 날과 다름없이 연구에 몰두하던 무리에에게 어느 날 한 통
의 편지가 날아들었다.

> 프랑스의 국민을 위해 나는 귀하에게 한 가지 부탁을 하려 하오.
> 그것은 다름 아니라 천연의 버터를 대신할 새로운 식품을 만들어
> 달라는 것이오. 귀하의 성공을 나는 진심으로 기원하오.

편지를 다 읽고 난 무리에는 몸이 굳어지는 느낌이 들었다.

'나폴레옹의 친필이구나. 프랑스 국민을 위한 것? 그래, 이건 책
임이 아주 무거운 일이야.'

그러나 무리에는 막막할 뿐이었다. 무작정 버터를 대신할 식품을 만들기 위해서 일을 벌일 수는 없었던 것이다.

무리에는 잠시 망설였으나 나폴레옹의 친필 편지에 씌어 있는 것처럼 자신에게 걸고 있는 나폴레옹의 기대를 저버릴 수가 없었다. 서둘러 버터의 대용품 연구를 시작한 무리에는 그 새로운 식품의 원료로 쇠기름을 사용하기로 했다. 그러나 쇠기름에는 지방뿐만 아니라 섬유질을 비롯한 각종 불순물이 섞여 있었다.

'이것에서 어떻게 해야 순수한 지방을 뽑아낼 수 있을까?'

무리에는 어렵지 않게 그 해결 방법을 찾았다. 그는 면양에서 뽑아낸 위액을 생각해 낸 것이었다.

'쇠기름을 잘게 잘라 깨끗하게 씻은 후 면양에서 얻은 위액을 넣으면 쇠기름을 지방과 섬유질로 나눌 수 있을 거야.'

곧 실험에 들어간 무리에는 연구했던 대로 순수한 쇠기름과 팔미트산, 마르가르산을 우유에 넣었다. 무리에는 그 밖에 버터와 비슷한 색을 내기 위해서 착색제를 더 넣었고, 또 향료와 식염 등도 혼합하여 버터와 비슷한 식품을 만드는 데 성공했다. 그는 고심 끝에 마침내 자신에게 주어진 책임을 완수한 것이다.

'정말 훌륭해! 이 맛이나 향기, 그리고 색깔, 마치 진주 같아. 그렇지! 이것을 마가린이라고 부르기로 하자.'

'마가린(margarine)'이란 말은 '진주와 같은'이라는 뜻이다.

무리에는 올레오 마가린이라고 불리는 버터 대체 상품을 만든 공로로 평생을 편히 살 수 있는 상금과 함께 훈장을 받게 되었다. 1870년에는 파리 교외에 세계 최초의 마가린 공장이 세워졌으나 1880년에 그는 의문사하고 말았다.

▲ 마가린

크레인의 **구멍 뚫린 사탕**

- 캔디를 사랑한 캔디 판매상의 재치 -

시대가 변하고 새로운 상품이 나와도 여전히 변함없는 스테디셀러가 있기 마련이다. 사탕의 세계에 있어서는 시원한 맛의 라이프 세이버스 캔디가 그 장본인이라고나 할까?

가운데 구멍이 뚫린 독특한 모양의 시원한 박하맛이 특징인 '라이프 세이버스 캔디(Life Savers Candy)'는 80년이라는 긴 기간 동안에도 그 인기가 전혀 식지 않는 사탕의 명작이다.

초콜릿과 캔디 제조업을 하는 클래런스 크레인(Clarence A. Crane, 1875~1931)은 여름철마다 사탕이 녹아내린다는 이유로 판매상들이 사탕을 주문하지 않자, 이 문제의 해결에 나서기로 했다. 날씨를 바꿀 수 없다면 사탕을 바꾸면 되지 않겠냐는 것이 그의 생각이었고, 역시 사업가다운 발상이었다. 그가 '단단하고 잘 녹지 않는 캔디'의 발명을 연구해온 결과 얻은 것은 가운데에 구멍이 뚫린 작은 사탕이었다. 그의 의도대로 새 사탕은 아주 단단하고 잘 녹지 않았으며, 맛은 시원한 박하향이 났다.

새로운 캔디 개발에 성공한 크레인은 이 신제품을 내놓는 과정에서 또 한 번 기지를 발휘했다. 특이한 캔디의 모양에서 물에 빠진 사람을 구하는 튜브를 연상해 내고는 캔디의 이름을 '라이프 세이버스(Life Savers)'라고 붙였다. 또 포장도 젊은 여성을 구하기 위해 튜브를 던지는 장면을 묘사해 넣었다. 여름의 이미지를 그대로 살린 멋진 아이디어였다. 이 포장과 시원한 맛이 어우러져 새로운 사탕의 인기는 날로 높아갔다. 그 덕분에 여름철이면 고전을 면치 못했던 그의 사업도 빛을 보기 시작했다. 하지만 여름의 이미지가 너무 강한 탓일까? 크레인의 새로운 사탕은 여름철에만 반짝 인기를 끌 뿐이었다. 이쯤되자 크레인도 다른 상품으로 눈을 돌리고는 라이프 세이버스에 대해선 별다른 주의를 기울이지 않게 되었다.

그런데 이 캔디의 맛에 반해 사업을 하겠다고 뛰어든 이가 있었다. 그의 이름은 에드워든 존 노블(Edward John Noble, 1882~1958)이었다. 그는 크레인에게서 라이프 세이버스에 대한 모든 사업권을 사들여 사업을 시작했다. 하지만 잘못된 포장법으로 인해서 제품이 소비자에게 닿을 때쯤 라이프 세이버스의 맛과 독특한 향기는 모두 사라져 버린 후였다. 노블은 이 같은 문제가 사탕의 향기를 모두 흡수해 버리는 종이 포장지에 있다고 판단하고는 사탕의 포장지를 종이에서 은박지로 교체했다. 이어 상품의 홍보와 마케팅 등에 온 힘을 기울였지만 시장의 반응은 신통치 않았다. 다른 사람 같으면 일찌감치 포기했겠지만 노블은 끈기를 가지고 다른 방법을 생각해 냈다.

그가 내놓은 새로운 대안은 사탕을 기존의 진열대에서 계산대로 옮겨 놓는 것이었다. 계산대의 현금등록기 앞에 자리를 마련해 커다란 선전문구와 함께 라이프 세이버스를 진열한 것이다. 당시로는 정말 파격적인 진열법이었다. 그런데 바로 여기에서 기적이 일어나기 시작했다. 잔뜩 물건을 사 안은 소비자들이 계산대의 사탕에 눈을 돌리게 되었고, 무심코 그것을 집어 들었던 것이다. 대성공이었다. 이때부터 계산대 옆에는 항상 작은 상품들이 놓여 있게 되었으며, 노블의 기발한 아이디어로 라이프 세이버스는 대중과 친숙해질 수 있었다.

▲ 라이프 세이버스 캔디

칼디의 **커피**

— 에티오피아에서 시작된 악마의 유혹 —

지구촌의 제1음료 '커피!' 이 쓰고 단 커피는 언제 어디서 누가 발명했길래 지구촌의 제1음료로 자리잡을 수 있었을까?

여기에는 많은 설들이 있으나 최초의 커피 발명자는 6~7세기 경 에티오피아 아비시니아 지방에 살았던 목동 '칼디(Kaldi)'였던 것으로 추정된다. 남달리 성실한 목동 칼리는 염소를 보살피는 데는 누구도 따를 자가 없었다. 염소들의 습관이며 즐겨 먹는 목초 등을 세심하게 관찰해 보살피므로 칼디의 염소들은 건강하고 성장 속도도 빨랐다.

목동으로서 행복한 나날을 보내던 어느 날, 칼디는 이상하게 생긴 붉은 열매를 먹고 있는 염소들을 목격하였다. 칼디는 그 열매가 독이 없다는 것을 알고 있었기 때문에 염소들이 실컷 먹을 수 있도록 내버려 두었다.

그런데 이게 어찌된 일인지 붉은 열매를 먹은 염소들이 술에 취해 흥분하여 춤을 추는 듯 했다.

▲ 칼디와 양들의 춤

'왜 저러지? 좀 더 자세히 알아봐야 겠다.'

칼디는 염소들이 먹은 열매를 따서 집으로 돌아와 물에 끓인 후 마셔 보았다. 바로 그 순간 칼디는 정신이 맑아지고 기분이 상쾌해지는 것을 느낄 수 있었다.

칼디는 이 신기한 사실을 인근 이슬람 수도원의 수도사들에게 알렸으나, 수도사들은 이 열매가 악마의 것일지도 모른다는 두려움 때문에 불 속에 던져버렸다. 그런데 그 던져버린 커피열매가 불에 타면서 특이하고 향기로운 냄새를 내기 시작했다. 그러자 수도사들은 곧바로 불에 타다 남은 열매를 수거하여 뜨겁고 검은 커피음료를 만드는 데 성공하였다. 또한 수도사들은 커피가 잠을 쫓는 효과가 있다는 사실도 알아냈다. 그때부터 사원의 수도사들은 밤에 기도할 때 졸지 않기 위해 커피를 마시게 되었다고 전해진다.

한편, 커피란 이름은 어디에서 연유된 것일까?

여기에도 몇 가지 주장이 있으나 그 가운데 가장 설득력이 있는 것은 에티오피아의 지명 '카파(Kaffa)'에서 비롯되었다는 것이다. 이는 아랍어로 '힘'을 의미하는 말로, 에티오피아의 커피나무 자생지이기도 하다. 이 말이 터키로 전파되어 Kahweh, 유럽으로 건너가 프랑스에서 Cafe, 이탈리아에서 Caffe, 독일에서 Kaffee, 영국과 미국에서 Coffee로 불리게 되었다고 한다.

우리나라에서 커피를 처음 마신 사람은 고종황제인데, 1896년 아관파천으로 러시아에 머물 당시 마셨다고 한다. 이후 1902년에 우리나라 최초의 커피 하우스인 손탁 호텔(Sontag Hotel)이 문을 열었으며, 한국전쟁 당시 미군에 의해 인스턴트 커피가 일반인들에게 유통되었다.

이건 뭐?

세계 3대 커피

예멘의 모카(Mocha), 자메이카의 블루 마운틴(Blue Mountain), 하와이의 코나(Kona). 예멘의 모카는 한때 세계 최고의 커피 무역항이었던 모카항에서 유래된 명칭으로 커피의 여왕으로 지칭된다. 지금은 예멘과 에티오피아에서 생산되는 커피를 모카커피라고 부르기도 한다. 자메이카의 블루마운틴은 「커피의 황제」라는 별칭을 지니고 있으며, 영국 왕실에 납품되는 최고급 커피다. 하와이의 코나는 공정무역 커피 중의 하나로 파인애플향의 약간 신맛이 난다.

펨버튼의 **코카콜라 원액**

- 며느리도 모르는 유혹의 블랙 음료 -

출시 이후부터 지금까지 전 세계적으로 상위 브랜드 가치를 소유하고 있는 검은색의 음료! 이는 현대 문명의 상징이라고 해도 과언이 아닐 정도로 막강한 브랜드 파워를 자랑하는 코카콜라(Coca-Cola)이다. 그러면 코카콜라를 탄생시킨 사람은 누구일까?

코카콜라는 1886년 미국 애틀란타의 약제사 존 펨버튼(John Pemberton, 1831~1888)이 두통약을 조제하던 중에 만들어진 음료다. 펨버튼은 코카나무와 콜라나무의 추출물을 혼합해 이 독특한 액체를 만들었는데, 펨버튼의 경리직원이었던 프랭크 M. 로빈슨(Frank M. Robinson)이 주성분의 이름을 조합해 코카콜라라는 이름을 붙였다. 특히 로빈슨은 독특한 흘림체 모양의 코카콜라의 로고를 디자인한 인물이기도 하다.

이후 같은 애틀랜타의 약제사인 아서 캔들러(Asa Candler, 1851~1929)가 1888년 펨버튼으로부터 2300달러에 코카콜라의 제조권을 구입하게 되었고, 1892년에 코카콜라 회사(The Coca-Cola Company)를 설립하였다. 그리고 코카콜라를 두통치료제가 아닌 청량음료로 내세워 대대적인 광고와 마케팅을 하기 시작했다. 또한 계약된 상태에서만 원액을 공급하는 프랜차이즈 방식을 통해 판매를 시작함과 동시에 코카콜라의 혼합방식을 재조정했는데 그 방식은 지금까지도 비밀로 남아 있다. 캔들러는 당시 머천다이즈 7X(Merchandise 7X)라 불리는 콜라 제조비법을 회사 비밀금고에 보관하고 단 세 명의 직원에게만 알려 줬다.

이후 캔들러는 1914년까지 500만 달러 이상을 벌었고, 1916년에는 애틀랜타의 시장으로 당선되기도 했다. 그는 1919년 코카콜라를 2500만 달러에 팔았는데 수익률은 무려 10000%에 달했다. 그후 캔들러는 1929년 사망할 때까지 자선사업가로 지냈다고 한다.

한편 1894년에는 병에 든 코카콜라가 판매되기 시작했고, 1916년에는 오늘날 코카콜라를 상징하는 코코넛 열매를 본뜬 컨투어병을 개발하기에 이르렀다. 무엇보다 코카콜라라는 브랜드가 전 세계적으로 알려지게 된 계기는 제2차 세계대전부터였다. 당시 코카콜라 사의 사장이었던 로버트 우드러프(Robert Woodruff, 1889~1985)는 미군이 있는 모든 전쟁터에 1병에 단 돈 5센트의 가격으로 코카콜라를 공급했고, 전쟁 내내 약 50억 병의 코카콜라가 공급됐다고 한다.

 이건 뭐?

코카콜라 병 디자인은 누가?

코카콜라는 맛뿐만 아니라 독특한 병 모양으로도 인기가 있다. 코카콜라의 병 디자인은 젊은 청년이 여자 친구의 몸매를 보고 만들었다는 설과, 당시 여성들에게 유행하던 호블 스커트에서 힌트를 얻어 발명했다는 설이 있다. 실제로 코카콜라 병은 '호블스커트 병'으로도 불렸다고 한다.

하지만 실제 코카콜라 병의 디자인은 1913년 '루트 유리회사'의 기술자인 알렉산더 사무엘슨(Alexander Samuelson)과 얼 알 딘(Earl R. Dean)이 코코아 열매를 보고 만들었다. 배 부위는 불룩한 곡선형 외형에 세로로 줄무늬 홈이 파인 모양이 바로 코코아 열매를 본뜬 것이다.

이후 손으로 잡기 쉽도록 허리 부분이 오목해지면서 여성의 신체 곡선과 같은 형태를 띠게 된 것이다.

코카콜라 병이 녹색으로 제작된 것은 숲이 많고 푸르른 코카콜라의 고향 조지아주를 나타낸다.

▲초기 코카콜라 병

작은 구멍 하나가 만들어낸 기적

각설탕 포장법

우리 주위 어디에서나 낱개로 포장된 각설탕을 흔히 볼 수 있다. 겉으로 보면 그저 단순한 포장 설탕일 뿐인데, 이 각설탕이 발명 당시 커다란 화제를 일으켰을 뿐만 아니라 발명자에게 엄청난 부를 안겨 준 기발한 아이디어였다는 것을 알고 있는가?

과거 커피나 홍차를 비롯한 여러 종류의 차 문화가 발달하면서 미국은 여러 나라에 각설탕을 수출했다. 그러나 각설탕이 목적지에 도착하기도 전에 녹아버리면서 수출하는 데 많은 어려움이 생겼다. 이 때문에 각설탕의 주수입국인 유럽에서의 각설탕값은 폭등하게 되었고, 설탕 수출회사 역시 지속적인 손해가 발생했다. 그래서 설탕회사에서는 설탕을 녹지 않게 오래 보관하고, 운반할 포장법에 대한 공모를 하게 되었다.

어느 날, 오랜 항해를 마치고 배에서 내린 20대의 선원 존이 설탕회사를 찾아와 각설탕 포장지를 내놓았다. 그것은 기존의 포장법 그대로인 듯 했으나, 자세히 보니 포장지 곳곳에 미세한 바늘구멍을 냈다는 점이 달랐다. 존은 바다를 항해하는 화물선들이 화물을 신선하게 운반하기 위해 창고에 작은 환기구멍을 만든다는 점에 힌트를 얻어 포장지에 구멍을 낸 것이다. 그리고 존은 그 각설탕을 가지고 오랫동안 항해했으나 멀쩡했음을 알려 자신의 생각을

증명했다. 이후 미국은 습기나 열에 약한 각설탕을 존의 아이디어를 활용해 세계 곳곳으로 무사히 수출할 수 있었다.

034 정육면체의 두 뇌놀음기

큐브 퍼즐

6면이 서로 다른 색으로 된 블럭을 흩어 놓았다가 다시 색깔을 맞추어 나가는 정육면체의 장난감이 있다. 바로 '루빅스 큐브'라는 두뇌놀음기다.

이 장난감은 헝가리의 건축학 교수였던 에르노 루빅(Erno Rubik, 1944~)에 의해 처음 만들어져 우리나라에서도 붐을 일으켰던 것으로 한동안 세계적으로 선풍적인 인기를 끌었다. 1974년 봄 헝가리의 부다페스트 대학에서 건축 디자인을 가르치던 에르노 루빅은 학생들에게 3D(3 dimensions) 개념을 가르치기 위해 정육면체를 활용하기로 했다. 그는 우선 정육면체로 된 블럭을 합체해 각각의 구성요소가 움직이는 방향을 색깔로 확인할 수 있도록 만들어보기로 했다. 그는 몇 개의 나무블록을 쌓아 놓고 각 블록을 고무줄로 묶어 서로 연결시킨 후, 한 면에 색을 칠했다. 그런 다음 한 층을 살짝 비틀자 색을 칠한 블록이 끼어들어 왔다. 그는 큐브를 수없이 반복해 비틀면서 이동 순서를 알아내게 된다. 이후 루빅은 '마술 큐브(Magic Cube)'라는 이름의 발명품을 내놓았으며, 이 상품은 1980년 루빅스 큐브라는 이름으로 처음 시판되었다.

가장 일반적인 3×3×3 큐빅은 모두 27개의 독립된 정육면체와 54개의 작은 면으로 구성되어 있다. 27개의 독립된 정육면체는 각각의 색을 구성하고 있는데, 정면과 뒷면, 오른쪽 면과 왼쪽 면, 윗면과 밑면은 서

▲ 큐빅을 들고 있는 루빅

로 반대되는 색을 가지고 있다. 루빅스 큐브가 만들어내는 조합은 43,252,003,274,489,856,000개이지만 큐브를 다 맞추는 경우는 오직 하나뿐이다. 하지만 모든 풀이방법을 완벽히 외운다면 20번 이내에 맞출 수 있다고 한다.

야구경기에서 방망이를 휘두르는 타자 뒤에 자리잡고 있는 선수는 바로 '포수'다. 이 포수의 얼굴 전체를 덮고 있는 '마스크'와, 투수가 던지는 공을 잽싸게 잡아내는 '글러브'는 과연 누가 언제 발명한 것일까?

글러브는 1875년 미국 하버드 대학 야구팀 포수인 제임스 티그니가, 마스크는 1877년 티그니의 동료인 윈드롭 타이여에 의해 발명됐다. 티그니는 투수의 강속구를 받아낼 만한 안전한 글러브가 없어서 팔목이 부러지는 부상으로 병원에 입원하는 경우가 많았다.

어느 날 또 다시 경기 중 손목 골절로 병원에 입원하게 된 티그니는 우연히 병원의 창밖 공사장에서 일하는 인부들을 보게 되었다. 두꺼운 장갑을 낀 채 벽돌을 쌓는 인부들의 모습을 지켜보던 그에게 한 가지 아이디어가 떠올랐다.

'바로 저거야. 저 두꺼운 장갑 안에 납판을 깐다면 포수용 글러브로 안성맞춤일거야'.

병상을 뛰쳐나온 티그니는 그 길로 글러브에 납판을 깐 최초의 '포수용 글러브'를 만들었다. 포수용 글러브는 손가락이 없으며 이를 '미트'라고 부른다. 한편 타이여는 극장 앞을 지나다가 무심코 바라본 선전간판의 인물이 얼굴에 보호막을 쓴 모습에서 착안해 포수용 마스크를 발명했다. 이후 타이여는 1877년 4월 리브옥스팀과의 경기에 포수 마스크를 쓰고 등장하면서 큰 인기를 끌었다.

한편 이 소식을 들은 스팔딩(Spalding)이라는 미국 스포츠용품 기업이 두 포수에게 권리 양도를 제의해 계약이 즉석에서 체결됐다. 스팔딩사는 포수 마스크와 글러브를 생산하면서 일약 유명기업으로 도약했고, 두 포수 역시 미국 발명 역사에서 큰 공적을 세운 인물로 기록되고 있다.

036 농작물을 병충해로부터 보호할 수 없을까?

농약

농약의 역사는 생각보다 훨씬 먼 옛날부터 시작되었다. 기원전 20년 전부터 사람들은 작물을 보호하기 위하여 유황 가루 등을 활용하였다는 기록이 남아 있고, 15세기까지 비소나 수은, 납과 같은 독성 화학물질들이 해충을 죽이기 위하여 사용되었다. 특히 유황을 태워 해충을 제거하는 방법도 이루어졌는데, 이 훈연법은 1500년경까지 계속 되었다. 따라서 천연에 있는 유황은 가장 오래된 농약이라고 할 수 있다.

유럽과 미국에서 화약농약의 개발이 본격적으로 시작된 것은 1930년대부터인데, 2차 대전을 앞두고 있어서 당시 농약의 원료가 되었던 자원을 아프리카나 아시아로부터 운송하는 것이 곤란해졌기 때문이었다.

전후에 DDT가 개발된 것을 시작으로 유럽 각국에서 BHC, 파라티온 등 새로운 화약농약이 속속 개발됨으로써 전란을 극복하는 데 큰 기여를 하였다.

DDT가 강력한 살충효과를 가지고 있다는 것은 1939년 스위스의 과학자 뮐러(P. H. Muller)에 의해 밝혀졌다. 뮐러는 이 공적으로 1948년에 노벨 생리의학상을 받았다. 원래 DDT는 1874년에 자이들러(O. Zeidler)에 의해서 처음 합성되었으나 그 효과를 밝혀내지는 못했다고 한다. DDT는 살충 효과가 커 말라리아 퇴치에도 기여했으나 인체에는 해로워 나중에는 사용이 금지되었다.

그 후에도 많은 화약농약이 개발되어 농업 생산성은 크게 증가했다. 그러나 1962년 미국의 해양생물학자 레이첼 카슨이 《침묵의 봄》을 출간하였는데, 이 책에서 그는 농약에 의한 환경오염문제를 사람들에게 알림으로써 경각심을 불어 넣었다.

어부지리 발명품의 대히트

담뱃갑 뜯기 테이프

껌, 담배, 캐러멜 등 작은 것에서부터 큰 과자상자에 이르기까지 많은 상품들의 포장이 셀로판으로 이뤄져 있다. 또 포장의 개봉하는 부분에도 뜯는 셀로판 테이프가 부착되어 있어 깔끔하고 쉽게 뜯을 수 있다. 이 셀로판 포장과 빨간색 셀로판 테이프는 어떻게 발명되었을까?

미국의 담배 메이커 중 대표 주자격인 럭키 스트라이크(Lucky Strike)와 캐멀(Camel)사는 치열한 경쟁을 벌이고 있었다. 캐멀은 근소한 차이로 럭키에 이어 2위에 머물자, 새로운 아이디어를 고민했고 여기서 담뱃갑을 셀로판지로 포장하는 아주 획기적인 아이디어를 냈다. 이는 종이포장지 위에 셀로판지를 입히는 것으로, 셀로판이 종이포장지보다 담배를 눅눅치 않게 만든다는 점을 이용한 것이다. 그러나 큰 인기를 끌 것으로 기대된 캐멀의 셀로판 포장법은 생각보다 매출 증가에 기여하지 못했고, 럭키에서는 이를 응용해 재빠르게 새로운 아이디어를 냈다. 그것은 바로 셀로판 포장 위에 가늘고 빨간 테이프를 붙여 셀로판 포장이 보다 쉽고 간편하게 뜯어지도록 한 것이다.

'캐멀 담배는 셀로판 포장이 잘 뜯기지 않아 마음에 들지 않았는데, 이것은 정말 최고군!' 결국 어떻게 되었을까? 캐멀은 뒤처지고 럭키 스트라이크의 담배가 담배시장을 휩쓸면서 럭키의 승리로 돌아갔다. 획기적인 아이디어를 낸 캐멀은 씁쓸히 퇴장해야 했다.

▲ 럭키 스트라이크 담배

038 얼음으로 된 이글루 안은 왜 춥지 않을까?

보온병

에스키모인들은 과거 얼음이나 딱딱한 눈덩이를 사각으로 잘라 '이글루'라는 얼음집을 만들어 그 안에서 생활했다. 같은 이치로 눈이 많이 내리는 지방의 어린이들은 '눈굴'을 파서 그 안에 들어가 놀고는 한다. 이글루나 눈굴의 한 가지 공통점은 그 안이 춥지 않다는 것이다.

보온병은 이처럼 눈굴이나 얼음집과 같은 원리로 만들어진 것인데, 1881년 A. F. 바인홀트라는 사람에 의해 처음 고안됐다가 1892년 듀바에 의해 개량되어 오늘에 이르고 있다. 원래 명칭은 발명가 J. 듀어(James Dewar, 1842~1923)의 이름을 따 '듀어병'이라고 불렸다.

보온병 속은 얼음이나 눈으로 된 벽처럼 내벽이 흰빛 대신 거울로 되어 있으며 이중의 유리벽으로 되어 있어 내부가 작다. 보온병은 주로 액체화된 공기나 찬물, 혹은 더운물의 보존에 사용된다.

▲ 제임스 듀어

039 루비가 다이아몬드의 구멍을 뚫는다고?

인조루비 레이저

합성 루비(Ruby)의 결정이 가시광선을 증폭시키는 메이저(Maser), 새로운 과학 용어로는 레이저(Laser)라고 일컫는 기구로 사용되고 있다는 사실을 알고 있는가?

루비는 알루미늄이나 광물의 코런덤에 미량의 크롬이 들어 있어서 붉은 색을 나타내는데 그 크롬의 양이 0.05%가 되는 루비가 이런 재미있는 현상을 일으키는 것이다.

1960년 5월 T. H. 메이먼(Theodore Harold Maiman, 1927~)이라는 미국 휴즈연구소의 연구원이 세계 최초로 발명한 것이다. 루비 레이저는 각종의 파장이 혼합되어 있는 보통의 광선을 흡수해 단 한 개의 파장인 단색 광선으로 집중하여 강력한 빔을 발사시킬 수 있는 고체 레이저다.

인조루비 레이저에서는 백색 광선이 크롬 원자의 작용으로 옹스트롬이라는 파장의 붉은 광선으로 바뀐다. 그 빛은 매우 강하여 다이아몬드에 구멍을 뚫는 것은 물론 각종 플라즈마 측정 연구, 통신, 정밀 측정, 홀로그래피, 요적 병기 등에 사용된다.

▲ T. H. 메이먼

040 사탕은 어떻게 전파됐을까?

사탕

어린이나 노인들이 특히 좋아하는 사탕이 서양에서 발달한 것이지만 본래 동양에서 유래된 것이라는 것을 알고 있는가? 사탕수수의 물을 졸여 사탕을 만드는 방법은 이미 2000년 전부터 인도 등지에 알려져 있었다. 기원전 327년, 알렉산더 대왕이 인도를 점령했을 때 이미 인도 사람들은 사탕을 제조하고 있었다.

이후 7세기 경 중국에서는 인도에 기술자를 보내 사탕 제조법을 배워오게 했고, 8세기경 아라비아인들은 유럽 각국에 사탕을 전파했다. 이 무렵 중국을 통하여 일본에도 사탕이 전달되었다.

11세기경 유럽에서 십자군전쟁이 일어났는데, 몇 번에 걸친 터키 공격을 통해 십자군은 유럽으로 사탕을 가져갔다. 이처럼 인도에서 아랍을 거쳐 유럽으로 전파된 설탕은 재배가 불가능한 수입품이었기 때문에 중세 때까지만 해도 부유층에서만 먹을 수 있는 귀중한 식품이었다고 한다.

이후 15세기 중엽부터 아프리카 서쪽 마딜다섬, 스페인, 아메리카 등지에서도 사탕수수 재배가 시작되면서 사탕에 대한 연구가 활발해졌다.

그리고 1740년경 독일의 화학자 마르크 그라프는 사탕수수 외의 식물에서 사탕을 얻을 수 있는 방법을 고민하다가 첨채라는 일종의 무에서 설탕의 결정이 나오는 것을 발견했다. 1801년에는 그의 제자인 어셜이 연구를 진행해 첨채설탕의 생산공장을 설립하기도 했다. 그러나 이 첨채설탕은 물을 증발시키는 데 많은 비용이 들고, 사탕수수 설탕보다 훨씬 작업이 복잡했다. 이에 첨채당 공업은 점차 쇠퇴하기에 이르렀고, 현재는 사탕수수의 설탕 제조만 이뤄지고 있다.

041 아이스크림을 먹는 것이 죄라고?

아이스크림

아이스크림은 더운 여름이건 추운 겨울이건 가리지 않고, 사시사철 어린이부터 어른들까지 좋아하는 기호식품이다. 이 아이스크림은 언제, 어떻게 발명됐을까? 먼 옛날 고대 이집트의 파라오는 두 겹으로 된 은제 술잔 안에 눈을 담아 과즙을 끼얹어 손님에게 대접했다고 전해진다. 또 기원전 4세기경 마케도니아의 알렉산더 대왕은 알프스에 쌓여 있는 눈에 우유나 꿀 등을 섞어 먹었다고 전해지며, 로마제국의 네로황제는 눈에 섞은 과육이 저절로 얼게 되는 현상을 우연히 발견하고, 여름이면 산속에서 얼음을 가져다가 여기에 과일과 꿀 등을 얹어 먹었다고 한다. 또 히포크라테스는 그의 환자들에게 언 음식으로 식욕을 돋우게 해 주었고, 로마 제국에서는 테르모피아(Thermopia)라고 불리는 가게에서 여름에 아이스 드링크를 판매했다고 전해진다.

그러나 이 방법들은 셔벗(Sherbet)의 원조라고 할 수 있으며, 아이스크림의 기원은 중국에서 찾을 수 있다. 중국에서는 기원전 3000년경부터 눈이나 얼음에 과일이나 꿀 등을 첨가해 먹었다고 하며, 중국 공자시대에 석빙고를 사용해 얼음이나 눈을 보관했다는 기록도 전해진다.

이후 1292년 마르코 폴로(Marco Polo, 1254~1324)가 중국, 당시 원나라로부터 언 우유(frozen milk)의 배합법을 베네치아로 가지고 오면서 이 방법이 북부 이탈리아로 확산됐다. 이어 16세기 초 얼음을 혼합하여 냉각, 냉동시키는 기술이 생기면서 아이스크림은 전성기를 맞게 되었다. 그리고 1533년 이탈리아 피렌체의 명가인 메디치가의 딸 까뜨린느가 프랑스의 왕 앙리 2세와 결혼하게 되면서 이탈리아의 아이스크림 제조법은 프랑스를 거쳐 유럽 전체로 전파되었다.

이후 현대에 들어오면서 아이스크림은 1800년대 중반 산업화와 함께 미국에 공장이 세워지면서 대량생산이 시작되었다. 당시 미국인들은 아이스크림을 많이 즐겼는데, 이 맛에 너무 깊이 빠지는 것을 막기 위해 한때는 교회에서 아이스크림 섭취가 죄라고 설교할 정도였다고 한다.

042 음료수에 이산화탄소를 넣었다고?

소다수

요즘은 청량음료가 사시사철 사람들의 기호식품으로 자리 잡고 있다. 그 중에서도 맥주나 사이다, 콜라 등의 탄산음료는 톡 쏘는 맛으로 인해 더욱 인기가 많다.

오늘날 현대인의 기호식품으로 굳건한 위치를 차지하고 있는 탄
산음료는 누가 개발한 것일까? 이는 '영국 화학의 아버지'라 불리
는 조지프 프리스틀리(Joseph Priestley, 1733~1804)에 의해
1771년 개발됐다.

18세기 말 산업혁명이 한창이던 어느 날, 목
사 출신 화학자인 프리스틀리는 독일 피어몬
트의 천연 광천수를 마시고 난 뒤 그 맛의 독
특함에 빠져 버렸다. 그러다가 리즈의 밀렌
교회에 시무하던 중 마을에 있는 맥주공장에
서 발효거품을 보고 연구에 돌입했다.

프리스틀리는 오랜 실험 끝에 이산화탄소를
▲ 조지프 프리스틀리

물에 녹이는 데 성공했고, 여기에 약간의 염산과 식초를 넣어 탄
산음료를 만들어 냈다. 이 탄산음료는 피어몬트의 샘물보다 더 청
량하고 맛이 좋아 큰 인기를 끌었으며, 음료수는 물론 괴혈병 치
료제로도 사용됐다.

후에 이 탄산음료는 미국으로 전파돼 발전을 거듭했고, 오늘날 세
계적인 브랜드가 된 코카콜라 탄생의 기반이 됐다.

 탄산음료의 대명사인 코카콜라와 산타클로스의 관계는?

산타클로스의 전설은 원래 나라마다 달랐으며, 기념 방식과 기념일도 모두 제각각이
었다고 한다. 이름도 파더 크리스마스·생트 헤르·페르 노엘·크리스 크링클 등으로
달랐으며, 이미지 또한 꼬마 요정·장난꾸러기 요정·싸움꾼 난장이 등으로 다양했다
고 한다. 1931년 코카콜라 사는 겨울철에 판매가 급감하자 새로운 홍보전략을 내놓
게 되었다. 이것이 바로 코카콜라의 상징적인 색을 사용한 붉은 모자와 붉은 옷을 입
고 신선한 흰색 거품을 상징화한 흰수염으로 대표되는 인자한 할아버지의 산타클로
스 모습이다. 이 디자인은 당시 코카콜라 광고를 담당했던 헤든 선드블룸의 작품이
다. 코카콜라 사의 산타클로스는 당시 큰 반향을 불러 모았고, 지금까지도 산타클로
스의 이미지는 그대로 남아 있다.

043 단맛은 업, 칼로리는 다운

인공감미료

설탕은 달고, 칼로리가 높은 식품으로 과자류·반찬류·각종 가공식품 등 거의 모든 식품에서 활발히 이용되고 있는 감미료다. 그러나 설탕은 많은 양을 넣어야 단맛을 낼 수 있고, 너무 많이 먹을 경우 치아가 상하거나 살이 찌는 등의 부작용을 유발한다. 이에 따라 설탕보다 적은 양으로 단맛을 낼 수 있는 대체품을 연구하는 사람들이 생겨났으며, 이들에 의해 인공감미료가 발명됐다.

인공감미료(sweetener)는 설탕 대신 단맛을 내는 데 사용하는 화학합성물로, 설탕보다 수백 배의 강한 단맛을 내지만 비영양물질인 경우가 많아 대부분 저칼로리 또는 무칼로리다. 시클라메이트(cyclamate), 둘신(dulcin), 사카린(saccharin), 아스파탐(aspartame) 등이 이에 포함된다.

가장 흔히 알고 있는 사카린은 가장 오랫동안 사용된 것으로, 설탕의 500배나 되는 단맛을 내는 인공감미료다. 사카린은 1879년 미국 존스홉킨스 대학의 화학자인 콘스탄틴 팔베르크(Konstantin Fahlberg, 1850~1910)와 지도 교수 이라 렘센(Ira Remsen, 1846~1927)에 의해 개발됐다. 이들은 1884년 공업적 합성방법을 개발해 특허를 받았고, 사카린이라는 상품명으로 공업적 제조를 시작했다. 국내의 경우 사카린이 식품첨가제로서 흔히 사용되다가 1992년 유해성 논란이 발발, 현재는 일부 식품에 한해서만 사용되고 있다. 또 설탕보다 250배의 단맛을 내는 둘신은 1884년 독일의 조지프 베를리너블라우(Joseph Berlinerbau)가 발견한 감미료로, 발암성이 인정되어 현재는 사용이 금지되고 있다.

이 밖에 시클라메이트는 1937년 당시 미국 일리노이 대학의 화학과 학생이었던 마이클 스베다(Michael Sveda, 1912~1999)

에 의해 발명됐다. 그러나 이후 발암물질임이 입증돼 국내와 미국에서는 사용이 허가되지 않고 있다. 또 아스파탐은 설탕보다 200배의 단맛을 내는 감미료로 1965년 미국의 화학자 제임스 슐래터(James Schlatter)에 의해 발견되어 81년부터 시판됐다.

044 운전자들의 과속을 막아라

속도계

언젠가부터 결함이 없는 완벽한 속도계가 곳곳에서 운전자들을 감시하게 되면서 운전자들의 과속은 어려운 일이 됐다.

레이더 반사효과를 이용한 이 놀라운 속도계는 미국의 존 베이커(John D. Baker)에 의해 발명됐다. 베이커는 자동신호기 회사에서 일하던 신망 있는 젊은 기술자였다.

그는 신호등이 교통량에 따라 자동적으로 바뀌도록 하는 체계를 연구했으나 실험이 실패로 돌아가자 원인을 분석했다. 그리고 그 기계가 신호 조절기로는 사용되지 못하더라도 어딘가 쓰일만한 데가 있을 것이라 생각하고 연구를 거듭했다. 그 결과 이 기계가 속도계로 적합하다는 것을 깨닫게 되었고, 이후 그의 제안에 의해 거리 곳곳에 속도계가 설치되었다. 그것은 기존 레이더 탐지기에 전파를 실제 속도로환산하는 속도계가 부착된 형태이다.

이 새로운 기계는 밤낮없이, 어떤 악조건에서도 자동차 속도를 측정해 내는 실로 놀라운 역할을 담당했다.

▲ 속도계

영국 케임브리지 대학의 장하준 교수는 저서 ≪그들이 말하지 않은 23가지≫에서 인터넷보다 세탁기가 더 세상을 많이 바꾼 세기의 발명품이라고 정의했다. 그는 세탁기 발명으로 인해 빨래 부담으로 해방된 여성들이 보다 적극적으로 사회 활동에 참여하게 됨에 따라 사회적인 변혁이 일어났다고 평가했다.

현대적 개념의 최초의 세탁기는 1851년 미국 제임스 킹이 발명한 실린더식 세탁기다. 이 세탁기는 오늘날 사용되는 드럼 세탁기의 원조격인데, 전기가 아닌 수동으로 움직였다. 그후 1874년에는 윌리엄 블랙스톤이라는 사람이 아내의 생일 선물로 가정용 세탁기를 만들었으나 킹의 세탁기와 별 차이가 없었다.

수동이 아닌 전기세탁기는 1908년 미국 시카고의 헐리 사에서 근무하던 알바 피셔(Alba Fisher, 1862~1947)라는 발명가가 만들었다. 이 세탁기는 전기모터가 달린 드럼식 세탁기로 '토르'란 이름으로 출시되었다. 당시 세탁기는 쇠로 만든 틀 안에 나무나 쇠로 만든 원통을 박아 넣은 형태로 이전 세탁기보다 고장과 소음을 줄일 수 있었다고 한다. 그후 발전을 거듭한 전기세탁기는 제2차 세계대전 이후부터 본격적으로 보급되기 시작했다.

▲ 알바 피셔의 세탁기(1908)

한편 우리나라에 세탁기가 도입된 때는 1960년대로 1969년 금성사(현 LG전자)에서 처음으로 생산되었다. 이후 1974년 삼성전자가 세탁기 사업에 뛰어들었고, 1980년대에 대우전자(현 대우일렉트로닉스)가 마지막 주자로 합류했다. LG전자는 국내 최초로 세탁기 생산 1000만 대를 기록하는 신기록을 세우기도 했다.

046 공포와 더러움의 상징인 화장실을 변화시킨 기구

수세식 변기

영국의 북부에서는 지금도 무언가 특별히 잘하는 젊은이를 향해 "그 녀석은 꼭 브라마 같아!"라고 말하는 것을 자주 들을 수 있다고 한다.

조지프 브라마(Joseph Bramah, 1748~1814)는 1778년 밸브 장치가 개선된 수세식 변기를 발명한 사람이다. 그러나 브라마에 앞서 1596년경 존 해링턴경이 최초의 현대적 수세식 변기를 고안했으며, 1774년에는 시계 제조자이자 수학자인 알렉산더 커밍이 U자 모양으로 구부러진 배수파이프를 설치해 냄새를 차단한 수세식 변기로 특허를 받았다. 존 해링턴경은 자신의 발명품인 수세식 변기를 당시 엘리자베스 여왕에게 선물했으나 너무나 시대를 앞서간 발명품이었던 탓이까? 그의 발명품은 사람들의 무시 속에서 묻혀 버렸다.

한편 가난한 소농의 아들로 태어나 농사일을 돌보던 브라마는 16세가 되던 해 점프 경기에서 복사뼈를 다치면서 목수 일을 시작하게 되었다. 24세 때 런던에서 일을 하게 된 그는 화장실로 인해 많은 이들이 불편을 겪고 있는 것을 보게 되었다. 당시 서민의 가정에는 화장실이 따로 없어 집 밖의 통행인에게 큰 소리로 경고한 뒤 오물통에 버려진 배설물을 거리에 쏟아붓는 일이 예사였고, 부유한 사람들조차 멀리 떨어진 화장실을 사용했다.

이것을 본 브라마는 실용적인 수세식 변기를 처음으로 설계해 완성시켰다. 브라마의 변기는 1797년까지 6000개가 팔릴 정도로 대단한 인기를 누렸다.

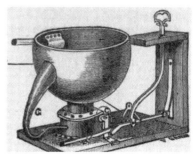

▲ 브라마의 수세식 변기(1778)

시력을 보정하기 위한 안경은 1280년 이탈리아의 플로렌스 도미니크 수도원의 수사인 알렉산드로 드 스피나(Alexandro de Spina, ?~1313)와 그의 친구인 물리학자 살비노 데질르 알망티(Salvino degli Armati, 1258~1312)에 의해 발명되었다. 초기 안경은 에메랄드나 크리스털 등을 볼록렌즈로 깎은 원시(遠視)용 안경이었다.

이처럼 안경의 발명은 성직자들에 의해 시작되었다가 고리대금업자나 상인들이 이용하게 되면서 급속히 발전하였다. 15세기 말에는 안경이 대량생산되기 시작했고, 16세기 초에 이르러서는 근시(近視)용 안경도 제작됐다. 근시를 교정하기 위해 오목렌즈를 사용하기 시작한 것은 14세기 초로, 이는 1517년 르네상스 시대의 대표적 화가인 라파엘로(Raffaello Sanzio, 1483~1520)가 그린 그림에서 교황 레오 10세가 안경을 끼고 있는 모습을 통해서도 알 수 있다.

중국 문헌에는 13세기경 안경을 사용한 기록이 남아 있어 안경을 처음 발명한 곳이 중국이라는 설도 제기되고 있으나, 이는 당시 실크로드를 통해 이탈리아에서 전파됐을 것으로 추정되고 있다.

또 현재 우리가 알고 있는 귀에 걸 수 있는 형태의 테안경은 1746년 프랑스의 광학회사 토민(Thomin)에 의해서 발명되었고, 원시와 근시를 모두 교정하기 위해 만든 원근 양용 안경은 1769년 미국의 정치가이자 발명가인 벤자민 프랭클린(Benjamin Frankklin, 1706~1790)에 의해 탄생됐다.

한편 우리나라에 안경이 언제 들어왔는지는 정확한 기록이 남아 있지 않지만, 〈정조실록〉에 안경이 200년 전에 들어왔다는 기록을 통해 임진왜란 전인 1580년경 중국을 통해 전파된 것으로 추정되고 있다.

048 쉽게 먼지를 제거할 수 있는 방법은 없을까?

진공청소기

집안 구석구석의 먼지를 순식간에 제거해 주는 편리한 청소도구인 '청소기'는 언제, 누가 발명했을까?

진공청소기는 공기 펌프를 거꾸로 돌리는 기본 아이디어를 응용한 것으로, 1871년 미국의 아이비스 W. 맥가피(Ives W. McGaffey)가 발명했다. 그러나 맥가피의 기계는 증기기관을 동력으로 사용해 거대하고 소음이 심해서 산업적인 용도로만 사용할 수 있었다.

이후 1901년 진공청소기 회사의 사장인 허버트 세실 부스(Herbert Cecil Booth, 1871~1955)가 전기모터를 이용한 청소기를 최초로 개발하였다. 그러나 이 청소기는 지금처럼 작은 것이 아니라 마차에 펌프를 장착한 거대한 기계였던 탓에 가정에 널리 사용되지는 못했다.

지금의 진공청소기 크기의 소형 청소기를 발명한 사람은 1907년 미국인 제임스 스팽글러(James Spangler, 1848~1915)였다. 그의 진공청소기는 모터에 연결된 팬, 바닥에 달린 흡착면, 먼지상자의 구조로 되어 있어 사용이 간편했다. 스팽글러는 자신의 발명특허권을 친척인 윌리엄 후버(William Hoover, 1849~1932)에게 판매했으며, 상술이 뛰어난 후버의 판매전략으로 인해 진공청소기는 세계 곳곳으로 확산됐다.

▲ 허버트 세실 부스의 진공청소기(1901)

고고학상으로 보면 우산은 지위와 부의 상징이었다. 기원전 1200년경 이집트에서는 귀족 계층만이 우산을 사용할 수 있었다고 한다. 반면 고대 그리스와 로마에서 우산은 나약한 사람이 사용하는 것으로 간주되었다. 그래서 남성들은 우산 대신 모자를 사용하거나 내리는 비를 그대로 맞았다고 한다. 그러나 여성들에게 우산은 지위와 부를 상징하는 액세서리로 여겨졌고, 이 같은 관습은 18세기까지 이어졌다.

그러던 우산이 일반사람들에게 받아들여지기 시작한 것은 18세기 중반 무렵부터였다. 1750년경 러시아와 극동을 오가며 무역업을 하던 영국의 조나스 한웨이(Jonas Hanway, 1712~1786)는 우산이 나약한 사람들의 물품이라는 고정관념을 깨기 위해 30년간 매일같이 우산을 들고 다녔다고 한다. 처음에는 그를 비웃던 사람들이 점차 우산의 필요성을 인식하기 시작했고, 그 결과 영국 신사들의 상징물인 우산은 '한웨이(Hanway)'로 불리게 되었다. 그러나 한웨이의 우산은 뼈대를 등나무로 만든 것이어서 펴고 닫는 것이 불편했다. 이후 1847년 헨리 홀란드(Henry Holland)라는 발명가가 스틸 뼈대를 발명했고, 이를 영국의 제조업자가 처음 사용하면서 현대적 우산의 모습을 갖추게 되었다. 한편 우리나라에는 구한말 개항 이후 선교사들에 의해 우산이 도입됐으며, 1950년대까지는 부유층의 상징물이었다가 60년대부터 대중화됐다.

050 복잡한 수학 문제를 쉽게 계산할 수 있는 방법은?

주판

주판은 인류가 만든 가장 오래된 기계 중의 하나다. 이는 언제 만들어졌을까? 최초의 주판 형태는 기원전 3000년경 메소포타미아에서 사용되었다. 당시의 주판은 평평한 판에다 모래를 담은 것으로 손가락이나 막대기를 이용하여 모래 위에다 표시하는 것이었다. 주판은 영어로 'asacus'인데, 이는 고대어의 '먼지(dust)'에서 유래한 말이다.

이후 주판은 홈을 낸 판으로 개선돼 기원전 600년경 그리스와 로마에서도 사용되었고, 500년경에는 중국까지 확산됐다. 중국으로 전파된 주판은 대나무를 이용하여 만들어지는 등 획기적으로 개량됐다. 원래 중국식 주판은 가로막대를 기준으로 위에는 2개, 아래에는 5개의 알이 있는 형태로 오늘날 우리가 볼 수 있는 주판의 모습과는 약간 다르다.

오늘날 우리 주위에서 볼 수 있는 주판은 위에는 알이 1개, 아래에는 4개가 배치돼 있다. 이 형태는 일본에서 개량된 모양으로, 우리나라를 통해 일본으로 전래된 주판이 일본에서 다시 개량되었고, 이후 일제시대에 거꾸로 우리나라에 다시 들어온 것이다.

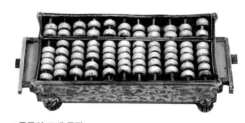

▲중국의 고대 주판

"**발명**의 비결은
부단한 노력에 있다."

— 아이작 뉴턴

발명상식사전

셋째 마당 _
꿈이 현실이 된 발명

51. 라이트 형제의 비행기 _ 하늘을 나는 꿈을 실현한 형제의 승리
52. 폰 브라운의 로켓 _ 우주여행의 꿈을 향한 위대한 탐구정신
53. 휘틀의 제트엔진 _ 더 높이 더 멀리 나는 꿈을 실현한 도전정신
54. 다게르의 카메라 _ 화가의 기발한 착상으로 탄생한 최초의 카메라
55. 에디슨의 축음기 _ 전화를 연구하던 중 발상의 전환으로 탄생
56. 칼슨의 건식 복사기 _ 업무의 불편함을 발명으로 해결
57. 맥코믹의 수확기 _ 농부의 기계화에 대한 열망으로 발명
58. 크럼프턴의 물 방적기 _ 농부의 관찰과 연구가 이룬 개량 방적기
59. 마부치의 전지 넣는 완구 _ 호기심과 불만이 낳은 위대한 발명
60. 다임러의 오토바이 _ 오토의 특허에서 힌트를 얻어 발명
61. 베어의 비디오게임 _ 공상을 즐기던 노인의 집념으로 발명
62. 브라유의 점자 _ 요철에 쓰인 암호에서 힌트를 얻어 탄생
63. 샤르도네의 인조견사 _ 실험 중 우연하게 발견한 누에명주의 대용품
64. 두 바퀴의 혁명 _ 자전거
65. 기구에 증기기관을 달면? _ 비행선
66. 하늘을 나는 공기주머니 _ 열기구
67. 멀리서 일어나는 사건들을 집안에서 생생하게 _ 텔레비전
68. 인공두뇌시대를 연 발명품 _ 컴퓨터
69. 낡은 차고에서 탄생한 첨단 문명 _ 애플 컴퓨터
70. 컴퓨터가 선사하는 또 다른 세계 _ 가상현실
71. 영상을 보관할 수 있는 방법이 있을까? _ 비디오테이프
72. 비디오테이프의 화질을 개선할 수 있을까? _ 비디오디스크
73. LP의 단점을 극복할 수 없을까? _ 콤팩트디스크
74. 소리를 기록으로 남길 순 없을까? _ 자기기록
75. 빛을 멀리까지 전파시킬 수는 없을까? _ 광섬유
76. 흘러간 시간을 영원히 가둬두는 방법 _ 사진
77. 순간의 아름다움을 오래 간직할 수 없을까? _ 필름
78. 사진으로 보는 총천연색 세상 _ 컬러사진
79. 인간이 비를 내리게 할 수는 없을까? _ 인공강우
80. 다이아몬드를 인공적으로 만들어낼 수 없을까? _ 인조 다이아몬드
81. 한 번 쓰고 버리는 전지를 여러번 사용할 수 있을까? _ 축전지
82. 태양의 빛을 전기에너지로 바꿔라 _ 태양전지
83. 인간 눈의 한계를 뛰어넘은 발명품 _ 현미경
84. 어떻게 하면 백열등보다 경제적일까? _ 형광등
85. 가볍고 편리하게 사용할 수 있는 신소재는 없을까? _ 플라스틱

라이트 형제의 **비행기**
– 하늘을 나는 꿈을 실현한 형제의 승리 –

'새처럼 하늘을 훨훨 날 수 있다면 얼마나 좋을까?'

비행기가 발명되기 이전 사람들은 누구나 한 번쯤 이런 생각을 해 보았을 것이다. 그만큼 하늘을 난다는 것은 인간의 오랜 꿈이었다. 그런 오랜 불가능의 벽을 깨고 비행기를 만든 사람은 바로 그 유명한 라이트 형제인 형 윌버 라이트(Wilbur Wright, 1867~1912)와 동생 오빌 라이트(Orville Wright, 1871~1948)이다.

미국 오하이오주에서 자란 이들 형제가 비행기에 관심을 갖게 된 것은 1879년에 아버지로부터 장난감 비행기를 선물로 받고부터였다. 장난감 비행기를 갖고 놀면서 그들은 하늘을 나는 꿈을 키웠던 것이다. 라이트 형제는 1899년에 반가운 사실을 알아냈다. 국립정보자료센터인 스미소니언 협회에서 각종 정보 및 자료를 제공하고 있다는 것이었다.

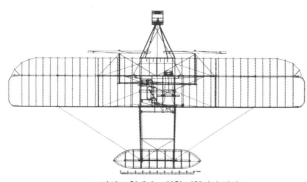
▲ 라이트 형제가 고안한 비행기의 평면도

라이트 형제는 스미소니언 협회에 편지를 띄웠다. 그리고 그때까지 알려진 비행에 관한 정보와 자료를 요청했다. 협회에서 보내온 자료를 검토한 그들은 기체 구조나 엔진보다는 조종술이 중요하다는 사실을 알게 되었다.

"오빌! 기체가 좌우로 기울었을 때 좌우의 날개 면이 휘는 것에 변화를 주면 떠오르는 힘에 차이가 생기게 돼. 그 기우는 차이를 고칠 수 있는 방법만 찾아내면 되는 거야."

그리고 그들은 곧 그 방법을 알아내는 데 성공했다.

1900년의 어느 날, 드디어 그들 형제는 글라이더의 비행 실험을 시작했다. 하지만 이 글라이더는 엔진이나 프로펠러가 장착되어 있지 않았고, 바람을 타고 날았기 때문에 마음대로 날 수는 없었다. 이에 따라 라이트 형제는 가벼운 엔진을 만들기 위한 연구를 시작했고, 이 연구는 3년이나 계속되었다. 라이트 형제는 온갖 고난을 이겨 내고, 12마력의 가벼운 엔진을 만드는 데 성공했다. 그들의 비행기에는 하나의 엔진이 두 개의 프로펠러를 돌리도록 장치되었다.

마침내 세계 최초의 비행기를 만든 라이트 형제는 시험 비행을 계획했다. 비행 일자는 1903년 12월 17일, 장소는 마을 앞 평야로 정했다. 그러나 초청장을 받은 사람들의 반응은 냉담했다. 결국 그들 형제의 시험 비행에 참석한 사람은 겨우 5명뿐이었다. 드디어 시험 비행이 시작되었다.

▲ 라이트 형제의 최초 비행모습(1903)

"야! 비, 비행기가 날아간다!"

숨을 죽이고 지켜보던 관중들은 일제히 함성을 질렀다. 비행기는 윌버의 신호에 따라 오빌이 조종하고 있었다. 비행기는 지면을 떠나 3미터 높이로 뜨더니 100미터쯤 날아간 다음 평원에 가볍게 착륙했다. 라이트 형제의 하늘을 나는 꿈이 이뤄진 기적적인 순간이었다.

폰 브라운의 **로켓**

– 우주여행의 꿈을 향한 위대한 탐구정신 –

인간의 오랜 소망이었던 우주여행의 꿈을 이루게 한 것이 17세 소년의 꿈과 발명품 덕분이었다면 믿을 수 있겠는가? 하지만 이는 틀림없는 사실이다.

1927년, 독일에서는 최초로 우주여행협회가 설립되었다. 회장 헤르만 오베르트(H. Oberth)와 회원들은 대부분 20세 안팎의 젊은 이들로, '어떻게 하면 우주여행을 갈 수 있을 것인가?'에 대한 방법을 연구하기 위해 토론과 연구를 거듭했다.

1930년, 베르너 폰 브라운(Wernher von Braun, 1912~1977)이라는 17세의 소년이 협회에 가입했다. 달나라 여행을 꿈꾸던 폰 브라운은 학교 공부시간 외에는 친구들과 어울려 노는 것도 잊고 로켓의 연구에 정열을 쏟았다.

그러나 오베르트 회장이 조국인 루마니아로 돌아가면서 연구 자금은 바닥이 났고, 우주여행협회마저 해산될 위기에 처했다. 오베르트의 뒤를 이어 협회를 이끌어 가던 네베르는 독일 육군에 그들의 연구 목적과 업적을 소개한 편지를 보냈다.

우리 우주여행협회는 천체 여행용 로켓의 연구를 시작한 지 6년이 되었고, 10여 개의 실험용 로켓을 제조하여 600m 이상이나 하늘로 돌진했는데……

　독일의 육군당국은 아직은 초보 단계이나 유망하게 쓰일 수 있는 로켓의 연구를 위해 연구 자금을 대 주었고, 특히 폰 브라운에게는 육군에 와서 연구를 계속하라는 제안을 했다.

　폰 브라운은 결국 독일 육군 병기국 로켓 연구소에 들어가 본격적으로 연구에 임하였고, 1932년 12월 마침내 최초의 로켓 엔진을 제작했다. 그러나 폰 브라운이 설계한 이 최초의 로켓은 실험에서 폭발로 실패하고 말았다. 1년 후 몇 번의 실험 실패를 거듭하면서 성능이 좋은 로켓 엔진이 제조되었다.

　폰 브라운은 많은 과학자들과 로켓 연구에 들어가 A1, A2, A3, A5로켓, 항공폭탄 V1로켓의 개발에 이어 그 당시 최고의 로켓인 V2로켓을 개발하였다. 1942년에는 V2로켓의 발사에 성공하였으며, 44년에는 이를 영국 공격용으로 실용화시켰다. 다행스럽게도 V2로켓은 너무 늦게 완성되어 히틀러에게 큰 도움이 되지 못했다.

　전쟁이 끝나자 폰 브라운과 그의 동료들은 미국으로 망명해 핵탄두를 장착한 유도 미사일 개발에 참여하였다.

　폰 브라운은 1960년 미국 항공우주국(NASA)의 마셜 우주비행 센터의 책임자로 임명되어 초대형 새턴 로켓을 개발하는 등 미국의 로켓 기술을 최고로 끌어 올렸다.

　그 후 폰 브라운은 머큐리(Mercury), 제미니(Germini), 아폴로(Apollo)의 달 착륙 업무 등 3개의 유인우주선 계획을 주도하는 데 큰 기여를 하였다.

▲ 폰 브라운

휘틀의 **제트엔진**

− 더 높이 더 멀리 나는 꿈을 실현한 도전정신 −

인간의 도전에 끝이란 없다. 걸으면 뛰고 싶고, 뛰면 날고 싶은 인간의 끝없는 욕망은 발명을 낳고, 그것은 곧 현대 문명의 발달을 한 차원 끌어올렸다.

하늘을 날고자 하는 인간의 꿈은 1903년 라이트 형제가 동력비행에 성공하면서 실현되었다. 하지만 사람들은 여

▲ 프랭크 휘틀

기에 만족하지 않고 더 빠른 항공기에 대한 연구를 계속해 왔으며, 이는 초음속 항공기의 개발을 가져왔다. 초음속 항공기는 무엇보다도 제트엔진의 발명으로 가능해진 것이다. 1940년대까지 항공기 엔진은 피스톤 내연기관이었으며, 프로펠러를 돌려 추진력을 얻었다. 하지만 프로펠러가 받는 공기 저항 때문에 속도를 높이는 데 한계가 있었다. 이를 극복하기 위해 나온 기술이 바로 제트엔진이다.

제트엔진의 작동 원리를 살펴보면 내부 앞쪽에 팬 모양의 압축기 날개가 있는 것을 볼 수 있다. 이것이 돌면서 공기를 엔진 안으로 빨아들여 연소실로 밀어 넣는다. 연소실에서는 연료가 연소하여 생긴 불꽃으로 공기를 데우고, 데워진 공기는 팽창하여 배출구 쪽으로 나가게 된다. 이렇게 공기가 빠져 나가면서 터빈을 돌리고 터빈이 돌면서 엔진 앞에 있는 팬을 가동시키게 된다.

이와 같은 제트엔진의 발명에 최초로 성공한 사람이 영국의

프랭크 휘틀(Frank Whittle, 1907~1996)이다. 청년 시절 휘틀은 영국왕립공군사관학교에 입학했지만, 평소 위험한 곡예비행을 즐겨 좋은 평가를 받지 못했고, 결국 최종 조종사 시험에도 불합격했다. 하지만 휘틀의 재능을 안타깝

▲ 프랭크 휘틀과 제트엔진(1937)

게 여긴 상관이 그를 왕립공군대학에 추천해 줌으로써 인생의 큰 전환기를 맞이한다. 이때부터 휘틀은 '피스톤을 대신한 터빈엔진용 비행 추진체'를 구상하게 됐다.

휘틀은 이 아이디어를 실현하기 위해 계속 연구한 끝에 1930년 터보제트엔진으로 최초의 특허를 얻었다. 그 뒤 공군에 복무하면서 케임브리지대학에서 연구를 계속하며 1936년 어느 후원자의 도움으로 합작회사인 파워제트 사를 설립하였다. 그리고 이듬해인 1937년 4월 12일, 제트엔진이 완성되어 최초로 엔진을 시험하였다. 비슷한 시기에 독일에서 제트엔진을 연구하던 한스 폰 오하인(Hans von Ohain, 1911~1998)보다 한발 앞선 성공이었다. 하지만 결과는 달랐다. 영국 공군이 제트엔진 개발에 큰 관심을 두지 않은 반면, 독일은 제트엔진을 이용한 최초의 비행기인 '하인켈 178'을 1939년에 탄생시켰다.

독일보다 뒤늦게 제트엔진에 관심을 갖게 된 영국은 1941년 5월 15일 휘틀엔진을 장착한 글로스터 E-28/ 39를 개발하여 영국 최초의 제트기로서 비행에 성공하였다. 이후 휘틀은 제트엔진 개발에 중추적인 역할을 담당하였으며, 1948년 퇴역 후에는 나이트 작위가 수여되었다.

이건 뭐?

제트기와 로켓의 차이점

제트기는 제트엔진을 추진 장치로 하는 비행기이며, 로켓은 우주공간을 비행할 수 있는 추진기관을 가진 비행체이다. 제트기는 가솔린만 내장(內藏), 이것을 연소시키는 데 필요한 산소를 대기 속에서 빨아들인다. 하지만 로켓은 연료와 함께 산소도 내장하고 있어서 공기가 필요 없다. 세계 최초의 제트기는 1939년에 완성된 독일의 하인켈1780이다.

다게르의 **카메라**

– 화가의 기발한 착상으로 탄생한 최초의 카메라 –

▲ 루이 다게르

프랑스의 화가 루이 쟈크 망데 다게르(Louis Jacques Mandé Daguerre, 1787~1851)는 석양의 들녘에 서서, 카메라 '옵스큐라(Camera Obscura)'를 맞추어 놓고 그림을 그리고 있었다. 카메라 옵스큐라는 수세기 전에 만들어진 것으로, 여기에 비친 경치나 사물을 보면서 그림을 그리면 균형이 잘 잡혀 화가들이 구도를 잡는 데 많이 이용하던 것이다. 노을이 점점 산등성이로 빠져들고 어둠이 깔리자 다게르는 못내 아쉬운 마음으로 화구들을 거두었다.

다게르는 프랑스 파리에서 극장 무대의 배경을 그리는 화가였다.

'이 카메라 옵스큐라에 비쳤던 경치들을 그대로 보존할 수 있다면 얼마나 좋을까!'

그리고는 곧장 친구 집에 들렀다.

"슈발리에, 카메라 옵스큐라에 비친 경치를 그대로 남겨 둘 방법이 없나?"

"원, 농담도. 아, 샤론이라는 곳의 니에프스(J. N. Niepce, 1765~1833)라는 사람이 그런 것을 연구한다던데."

다게르는 그 후, 니에프스와 함께 공동 연구에 들어갔다.

"다게르, 이걸 좀 봐요. 내가 혼자서 고안한 건데 금속판에 아스

팔트 칠을 해서 카메라 옵스큐라에 넣어 두고 8시간쯤 지난 후에 보면 밖의 경치가 그대로 나타나 있어요."

"아, 훌륭하군요."

"그런데 문제가 있어요. 8시간 동안 금속판에 밖의 경치를 비치게 해야 하는데 바람이 불거나 해가 기울면 엉망이 되어 버리지요. 뭔가 해결 방법이 있지 않을까요?"

다게르와 니에프스는 의논 끝에 금속판에 어떤 약을 칠하면 더 선명한 그림을 얻을 수 있을 것이라고 생각하여, 그 물질을 찾아 내기로 했다.

어느덧 10년이 흘렀다. 그 사이 니에프스는 세상을 떠나고, 다게르는 혼자서 연구를 계속했다.

1839년, 마침내 다게르는 요오드화은을 바른 금속판을 카메라 옵스큐라에 넣고 빛을 비친 다음, 수은증기를 보내면 경치가 뚜렷하게 나타나는 것을 발견했다. 이로 인해 금속판에 8시간씩 빛을 비쳐야 했던 것이 20분으로 줄었다. 이와 같은 방법을 '다게레오 타입' 즉 은판사진법이라고 한다.

다게르의 연구 결과는 여러 나라에 전해져서 많은 사람들로부터 호응을 받았고, 큰 관심거리가 되었다. 그런데 다게르의 사진은 20분 동안이나 빛을 비쳐야 하므로 경치를 찍을 때는 바람이 불지 않아야 하고, 사람을 찍을 때는 20분 동안 눈을 깜빡이지 않고 서 있어야 했다.

불편하다는 것은 또 다른 발명의 시작을 예고한다. 그 후로도 많은 사람들의 손을 거치며 오늘날의 편리한 카메라가 등장하게 되었음은 말할 것도 없다.

▲ 세계 최초의 카메라 '다게레오 타입'

에디슨의 **축음기**

– 전화를 연구하던 중 발상의 전환으로 탄생 –

미국의 발명가 토머스 에디슨(Thomas Alva Edison, 1847~1931)은 축음기·전등·영사기·전신·발전기 등 1300여 가지를 발명하여 '발명왕'으로 불린다. 그는 하루에 사과 몇 개만 먹고, 잠도 2시간만 자면서 연구에 몰입하였다고 한다.

▲ 토머스 에디슨

　1877년 8월 12일 에디슨은 뉴저지에 있는 작업실에서 동료들에게 둘러싸여 뭔가를 준비하고 있었다. 바로 자신이 설계한 기계를 가지고 동료들 앞에서 사상 최초의 녹음을 시도하기 위해서였다. 그 기계에는 통이 달려 있어서 핸들로 빙글빙글 돌릴 수 있었다. 에디슨은 그 핸들을 돌리며 노래를 부르기 시작했다. 그때 에디슨과 친구들이 부른 노래는 동요 '메리에게 작은 양이 한 마리 있다네(Mary Has A Little Lamb)'였다.

　노래를 끝낸 에디슨이 또 핸들을 돌리자 그 기계가 에디슨과 똑같은 소리로 노래하기 시작했다. 에디슨은 처음 발명한 이 축음기의 이름을 '틴포일(Tin Foil)'이라고 불렀다. 틴포일이라는 말은 주석박을 원통형으로 말아서 소리를 재생시켰다고 해서 붙여진 이름이다.

　축음기 1호인 '틴포일'은 에디슨이 무선통신의 음파를 기록하는 기계를 만들던 중 발명한 것이다. 틴포일은 구리로 만든 원통에 1

인치마다 열 줄의 홈을 판 다음 그 위에 주석호일을 씌우고, 이 원통에 바늘이 붙은 송화기를 연결해 만든 것이다. 그 원리는 축을 오른쪽으로 돌리면서 송화기에 대고 소리를 내면 소리의 떨림

▲ 에디슨이 만든 포노그래프(1879)

이 바늘 끝으로 전해져, 그 소리의 떨림에 따라 바늘이 주석호일에 홈을 냄으로써 소리가 저장되는 것이다. 소리가 저장된 후 오른쪽 축으로 하여 돌리던 것을 반대로 왼쪽을 축으로 하여 돌리면 기록된 소리가 확성기를 통해 흘러나온다고 한다. 에디슨은 세계 최초로 발명한 이 녹음 · 재생기를 포노그래프(Phonograph)라고 하였다.

에디슨이 1877년 11월 미국 특허국에 특허권을 제출할 당시의 축음기 이름은 '토킹 머신(Talking Machine)'이었다. 에디슨의 축음기는 1878년 필라델피아에서 열린 만국박람회에 출품됐다. 그후 1888년 런던 크리스털 팰리스에서 열린 헨델 페스티벌에서 헨델의 '오라토리오', 이집트의 '이스라엘인'이 에디슨의 축음기로 녹음됐다.

에디슨 이전에도 녹음기 발명의 시도가 없었던 것은 아니다. 1857년 프랑스의 에두아르드 레옹 스콧 마팅빌(Eduard Leon Scott de Martinville)은 음파를 연기로 그을린 원통에 표시할 수 있는 기계를 개발하여 그 기계의 이름을 그리스어 포노(소리)와 오토그래프(서명)의 합성어인 '포노토그래프(Phonautograph)', 즉 '소리의 여명'이라고 지었다. 그러나 그 기계는 단순히 소리의 파동만 기록할 뿐 재생은 불가능했다.

한편, 전화를 발명한 그레이엄 벨은 프랑스 정부에서 받은 상금 1만 달러로 축음기를 연구해 1885년 그래포폰(Graphophone)을 완성시켰다.

그 무렵, 독일의 베를리너는 원반형의 레코드에 소리의 진동을 새겨 나가는 방법을 착안했고, 1888년 '그래모폰(Gramophone)'이라는 축음기를 완성시켰다. 그래모폰이 나오자 벨의 그래포폰은 차차 쓰이지 않게 되었다.

"원통형보다는 원반형이 훨씬 편리하군! 축음기는 역시 그래모폰이야."

에디슨의 축음기나 베를리너의 그래모폰에서는 한번 녹음한 레코드를 다시 여러 장 복제하기 위한 장치가 여러모로 연구되었다.

1879년, 마침내 레코드의 복제에 성공했다. 이것을 제작하려고 나선 것이 빅터 축음기 회사였다. 1920년경 라디오 수신기에 대한 연구가 성행하자 마이크로폰이나 스피커 같은 것들이 만들어졌다. 이러한 기술적인 것이 그대로 축음기의 취입에도 이용되어 전기 취입식 레코드가 탄생되고, 1940년 전기 축음기(전축)가 발명되었다.

이건 뭐?

초기의 3대 축음기 회사「포노그래프, 그래포폰, 그래모폰」

1877년에 에디슨은 재생이 가능한 레코드를 만들었으며, 이 기계의 이름을 포노그래프(Phonograph)라고 명명하였다.

이후 1880년대 초에 전화기의 발명가인 벨(Alexander Graham Bell)은 그의 사촌인 치체스터 벨(Chichester Bell)과 친구인 찰스 섬너 테인터(Charles Sumner Tainter)와 함께 포노그래프의 어순을 바꾸어 '그래포폰(Graphophone)'이라는 새로운 축음기를 발명하였다.

▲ 그래포폰(Graphophone)

독일인 에밀 베를리너(Emile Berliner, 1851~1929)는 1888년 소리를 기록하고 재생하는 토킹머신에 대한 특허를 출원하고 취득하였으며, 이를 '그래모폰(Gramophone)'이라고 명명하였다. 그래모폰은 음을 기록하고 재생하는 바늘이 좌우로 진동하여 원반형 저장장치에 음을 기록하였으며, 포노그래프에 비해 음질이 더 뛰어나다.

▲ 그래모폰(Gramophone)

칼슨의 **건식 복사기**

– 업무의 불편함을 발명으로 해결 –

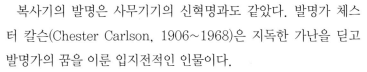

　복사기의 발명은 사무기기의 신혁명과도 같았다. 발명가 체스터 칼슨(Chester Carlson, 1906~1968)은 지독한 가난을 딛고 발명가의 꿈을 이룬 입지전적인 인물이다.

　1930년 칼슨이 캘리포니아 공과대학을 졸업하던 당시는 경제대공황이 막 시작될 무렵이었다. 그는 가까스로 벨렙(Bell Lab) 연구의 특허부서에 연구원으로 취직했으나 얼마 후 전자회사인 말로리 사로 이직했다. 그는 회사를 다니면서 야간 로스쿨에 진학하였는데, 법률서적을 마음 놓고 살 형편이 못되어 노트에 베껴 적고는 했다. 이때 그는 힘들여 적지 않고 책을 쉽게 옮겨 적을 수 있는 방법에 대해 고민을 하게 됐다.

　그는 로스쿨을 졸업하고 회사 내 특허부 매니저로 승진했지만 일찍 부모님을 봉양하였던 관계로 빠듯한 경제사정은 나아지질 않았다.

　'나처럼 어려운 사람이 빨리 성장할 수 있는 방법은 뭘까?'

　그때부터 체스터는 자신이 비약적으로 도약할 수 있는 방법에 대해 생각하기 시작했다. 그리고는 자신이 그동안 배운 지식과 경험을 발판으로 발명이 최선이라는 결론에 도달했다. 그는 그 목적을 위해 '발명 노트'라는 공책을 만들어 언제든지 새로운 아이디어가 떠오르면 적고는 했다.

　체스터는 특허부에서 일하는 관계로 항상 카본 복사지(carbon

copy)를 사용했는데, 그럴 때마다 문서와 손에 검댕이가 묻는데다 또 서류를 복사하려면 시간이 많이 걸려서 이만저만 불편한 게 아니었다. 게다가 그림이나 사진이 부착된 도면은 복사를 해도 잘 보이지도 않아서 일일이 검토를 해야만 했다.

'이 복사기는 너무 불편해! 좀 더 빠르고, 깨끗하며, 특수 용지가 아닌 보통 용지로 복사할 수 있는 방법을 알아내면 성공할거야.'

그의 가슴 속에서 새로운 욕망이 꿈틀대기 시작했다. 드디어 그토록 바라던 자신의 능력을 발휘할 때가 온 것이다. 칼슨은 뉴욕 시립도서관에서 그래픽에 관한 문서를 검색하다가 헝가리의 위대한 과학자 폴 셀레니(Paul Selenyi)가 파우더와 정전기를 이용해 사진을 복사하는 데 성공한 적이 있다는 사실을 알아냈다. 그의 발견을 문서 복사에 적용할 수 있을 것이라고 생각한 그는 친구이자 물리학자인 오토 코르네이(Otto Kornei)와 본격적인 연구에 들어갔다.

1938년 10월 22일, 오리건주 북서부 도시인 애스토리아(Astoria)의 허름한 작업실에서 칼슨과 오토는 그날도 어김없

▲ 체스터 칼슨과 그가 발명한 제로그래피

이 복사기 발명에 여념이 없었다. 칼슨과 오토는 아연판에 황산을 칠한 다음 잉크로 '10-22-38 Astoria'라고 썼다. 그리고 방 안을 어둡게 한 다음 헝겊으로 황산 표면을 걸어 내면서 정전기(electrostatic charge)를 일으키게 하고 그 판 위에 슬라이드를 올려놓고, 백열등에 노출시켰다. 몇초 후 그들은 슬라이드를 치우고 라이코포디엄(lycopodium)이란 검은 가루를 금속판 표면에 뿌렸다. 그러자 '10-22-38 Astoria'란 글씨가 선명하게 드러났다. 그들은 왁스 칠을 한 종이를 금속판에 살짝 눌렀다가 떼어냈다. 그 종이에 열을 가하자 왁스가 녹아내리면서 '10-22-38 Astoria'가 고스란히 복사됐다. 세계 최초로 전기를 이용한 건조식 복사기 실험에 성공한 순간이었다. 그들은 몇 번의 실험을 반복한 끝에 그 결과가 일시적인 것이 아닌 영구적인 것임을 확인할 수 있었다.

하지만 1942년 10월 '전자사진(electrophotography)'이란 제품명으로 특허를 획득한 후 20여 개 회사에 상품화를 위한 합작을 제의했지만 모두 거절당했다.

이후 1947년 제록스의 전신인 할로이드사(Haloid Co.)와 함께 연구를 진행해 '말려서 쓴다'라는 뜻의 라틴어 '제로그래피(xerography)'에서 이름을 따온 제록스 1호기 '제록스 A'를 2년 후 생산하여 시장에 선보였다.

칼슨은 계속 연구에 몰두한 결과, 1959년에 훨씬 더 실용적인 복사기 '제록스 914'를 출시했는데, 이때부터 복사기는 대중화를 이루게 되었다.

칼슨은 복사기 특허료로 약 1억 5000만 달러를 벌어들였고, 1억 달러 이상을 시민권리운동단체 등에 기부했다고 한다.

맥코믹의 **수확기**

- 농부의 기계화에 대한 열망으로 발명 -

농업의 기계화는 사이러스 홀 맥코믹 (Cyrus Hall McCormick, 1809~1884) 의 수확기계 발명으로 현실화되었다. 그로 인해 인간은 자신의 능력을 뛰어넘는 넓은 경작지를 갖게 된 것이다.

"사이러스 홀 맥코믹! 우리는 지금 농업에 가장 지대한 공헌을 한 사람을 만나고 있습니다."

▲ 사이러스 홀 맥코믹

우뢰와 같은 박수가 터져 나왔다. 그러자 단상에서 호리호리한 몸매의 한 신사가 일어나 청중의 환호에 정중히 답했다.

"이런 영예의 상을 받게 되어 감사합니다."

맥코믹은 감격에 겨워 채 말을 잇지 못하고 눈시울을 붉혔다. 1855년 파리 국제 박람회는 이렇게 하나의 기억할 만한 장면을 남기며 막을 내리고 있었다.

산업혁명의 결과로 인구는 도시로 몰려들고 있었다.

갈수록 인구가 줄어가는 농촌의 현실과 비교할 때, 도시의 확대 속도는 너무 빨랐다. 젊은 맥코믹의 눈에 이것은 너무나 위험스럽게만 보였다.

1800년대 당시 미국 대륙은 농사를 지을 수 있는 엄청난 양의 농지가 확보되어 있었음에도 불구하고 그것을 관리할 노동력이 절대적으로 부족하였다. 탈곡이나 경작은 기계화가 어느 정도 이루어져 노동력에 비해 효율이 높았으나, 추수 때 수확에 있어서는 전혀 진전이 없었다. 맥코믹은 바로 이런 점을 직시하고 있었던 것이다.

'수확기야말로 절실히 필요한 시점이야. 수확기계가 있다면 우리는 더 많은 식량을 얻을 수 있을 거야.'

그는 18C 후반부터 시작되었던 일련의 움직임, 즉 자신의 아버지를 비롯한 많은 기술자들이 수확기 개발에 힘을 쏟았던 것에 뒤를 이어 뛰어들었다. 그리고 1831년 맥코믹의 손에 의해 만들어진 최초의 수확기가 모습을 드러내었다. 같은 해, 버지니아의 스틸스태번에서는 역사에 길이 남을 만한 장면이 연출되고 있었다.

"우와! 대단하군!"

"눈 깜짝할 사이에 저만큼이나 베어냈어!"

많은 사람들의 놀라움 섞인 환호 속에 건강해 보이는 말 한마리가 거대한 농기구를 끌고 힘차게 움직이고 있었다. 그리고 그 움직임에 따라 황금빛으로 여문 밀포기가 착착 베어져 나갔다. 장정 열 명이 매달려서 일하는 것보다 더 빨리 단숨에 일이 끝마쳐지고 있었던 것이다. 드디어 최소한의 노동력으로 최대한의 경작지를 활용하는 시기가 도래한 것이다.

맥코믹의 수확기가 나오고부터 유럽 및 미 대륙은 안정적인 식량공급을 보장받게 되었으며, 농업은 새로운 변혁의 시대를 맞이하게 되었다.

▲ 맥코믹의 수확기(1850)

크럼프턴의 **뮬 방적기**

- 농부의 관찰과 연구가 이룬 개량 방적기 -

방적기는 언제, 어떻게 만들어졌을까?

영국은 본래 집안에서 소규모로 천을 짜는 가내수공업이 다른 어느 나라보다도 활발했다. 하지만 항해술의 발달로 식민지를 많이 개척한 영국은 시장도 크게 늘어났다. 이에 따라 옷감의 수요량이 증가하면서 지금까지 집에서 손으로 천을

▲ 사무엘 크럼프턴

짜는 방법으로는 수요를 충족시킬 수 없게 되었다. 그러자 실을 짜는 방적기에 대한 발명이 시작되었다.

1764년에 영국 직물공 하그리브스(J. Hargreaves, 1702~1778)가 '제니방적기'를 발명하였고, 영국의 기술자 아크라이트(R. Arkwright, 1732~1792)는 1769년에 수력 방적기의 특허를 획득함으로써 영국의 섬유산업 발전에 결정적인 계기를 마련하였다. 하지만 제니방적기로 짜낸 실은 아주 가는 데다 질기지 못한 단점이 있었고, 아크라이트의 방적기에서 나온 실은 질긴 반면 너무 굵었다.

당시 21살의 사무엘 크럼프턴(Samuel Crompton, 1753~1827)은 가난한 집에서 약간의 농사를 지으며 어렵게 살고 있었다. 그는 가난을 벗어나기 위해 새로운 방적기를 발명하기로 마음먹었다. 그리고 하그리브스와 아크라이트의 방적기에 대해 연구

하기 시작했다. 그는 볼턴극장 오케스트라의 바이올린 주자로 활동하며 모은 돈으로 기계의 부속을 샀다. 크럼프턴은 밤낮으로 방적기 생각을 하며 남몰래 연구를 거듭했다.

그가 연구를 시작한 지 5년이 지난 1779년, 마침내 크럼프턴은 가늘고 질긴 실을 생산할 수 있는 기계를 발명해냈다. 그는 하그리브스와 아크라이트의 방적기계에서 장점을 각각 취하였으므로 '뮬(mule, 잡종)'이라고 이름을 붙였다. 면 방적용의 뮬 방적기는 실에 꼬임을 가하는 작업과 목관(木管)에 감는 작업을 교대로 하도록 함으로써, 우수한 실을 만들 수 있었다.

하지만 발명 후에도 그는 뮬 방적기를 숨겨 두고 혼자서만 가늘고 질긴 실을 생산했다고 한다. 마을 사람들이 그 기계를 보여 달라고 졸라도 들은 척도 안했던 그는 결국 공장 주인들의 간청에 못 이겨 뮬 방적기를 공개함으로써 가늘고 질긴 실의 생산량은 늘어났다. 이것은 다시 직물기계의 개발을 촉진하는 계기가 되었다.

이후 1785년 목사이던 카트라이트(Edmund Cartwright, 1743~1823)가 증기기관의 동력을 이용하여 역직기를 발명하였다. 이러한 발명과 개량은 18세기에 영국에서 이루어져, 당시의 산업혁명을 크게 촉진시키는 결과를 가져왔다.

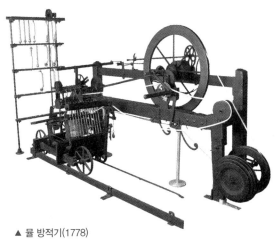

▲ 뮬 방적기(1778)

마부치의 **전지 넣는 완구**

- 호기심과 불만이 낳은 위대한 발명 -

발명은 너무도 단순한 착상에서 이루어지는 경우가 많다. 상식의 틀을 벗어나 조금만 색다른 아이디어를 창출할 수 있다면, 이미 그곳에 발명의 씨앗이 있는 것이다.

'만약 기존의 시간을 좀 더 늘릴 수 있다면?'

이러한 문제에 관심을 갖는다면 당신 역시 발명가가 될 수 있다. 성공한 많은 발명가들 가운데는 바로 이 같은 시간의 문제를 푸는 데 주력한 경우가 많기 때문이다. 그들 가운데 가장 대표적인 발명가의 한 사람이 일본의 켄니치 마부치이다.

마부치는 이제 막 소년기에서 청년기로 접어들고 있었다. 겉으로 보기에는 그 또래의 다른 젊은이들과 별반 다를 것이 없었다. 그러나 마부치에게는 천성적으로 일반 사람과는 다른 점이 있었다. 그는 무엇이든 소홀하게 보아 넘기는 일이 없었다. 게다가 일단 의문이 생기면 그 이유를 알게 될 때까지 물고 늘어지는 끈기도 있었다.

그 무렵 일본에는 비행기 완구가 한창 유행이었다. 그것도 단순한 비행기 모양에 그치는 것이 아닌 실제로 움직이는 완구였다. 태엽을 돌리면 그 힘으로 프로펠러가 돌면서 비행기가 빙글빙글 돌아가는 완구였다. 이때가 1950년, 바로 한국에서는 전쟁이 한창이었다. 따라서 비행기가 하늘을 나는 모습을 자주 볼 수 있었고, 자연스럽게 비행기 완구의 인기도 더욱 높아만 갔다. 마부치 역시 이 비행기 완구에 흥미를 갖게 되었다.

'저것 봐라, 참 재미있군! 움직이는 비행기 완구라니, 멋진 생각
이야.'

그러나 마부치는 1, 2분도 채 못 넘기고 멈춰 버리는 데 불만을
갖게 되었다.

'아니, 너무 금방 끝나잖아? 이 프로펠러를 좀 더 오래 돌릴 방
법은 없을까? 그렇다면 훨씬 흥미 있는 장난감이 될 텐데.'

마부치의 호기심이 발동했다. 그는 프로펠러를 돌리는 힘을 좀
더 강하게 하는 방법에 대해 생각하기 시작했다.

'태엽을 감았던 것이 다 풀리고 나면 프로펠러가 멈추게 된다.
그럼 태엽 대신 전지식 모터로 프로펠러를 돌리면 어떨까?'

마부치는 당장 완구 비행기의 태엽을 빼고 대신 전지를 넣어서
실험을 해 보았다.

마부치는 조마조마하게 결과를 기다렸다. 그 결과 완구 비행기는
전지 하나로 10시간 동안이나 움직였다. 마부치는 즉시 전지식 모
터로 된 완구 비행기의 특허출원을 마쳤다. 이제 남은 것은 완성된
발명품을 제작, 판매하는 일이었다. 마부치는 기존의 비행기 완구
를 만드는 회사를 찾아갔다. 기존의 완구 비행기 제작 회사는 세계
적인 완구 메이커로 이름난 '노무라 토이'였다.

"정말 훌륭하군요. 어떻게 이런 아이디어를 냈죠? 정말 대단합니다."

노무라 토이의 사장은 무척 흡족해 하며, 감탄을 금치 못했다.

"마부치 씨, 이 전지식 모터로 된 완구 비행기의 특허권을 우리
에게 파십시오."

마부치는 사장의 제안을 받아들였다. 즉석에서 특허권 양도 계
약이 이루어지고, 마부치는 발명가로서 명성을 떨치기 시작했다.

다임러의 **오토바이**

– 오토의 특허에서 힌트를 얻어 발명 –

오토바이의 최초 발명가는 독일의 고틀리에프 다임러(Gottlieb Wilhelm Daimler, 1834~1900)이다.

가난한 빵집 아들로 태어난 다임러는 제빵 기술을 배워 대를 이으라는 아버지의 성화에도 불구하고 각종 기계에만 정신이 쏠려 있었다. 다임러의 고집 앞에 그의 아버지도 두 손을 들고 말았다.

▲ 고틀리에프 다임러

후일 자동차의 대부가 된 카를 벤츠(Karl F. Benz, 1844~1929)가 자전거에 내연기관을 장치하려고 심혈을 기울이고 있을 무렵 다임러도 자동 2륜차(오토바이) 연구에 몰두하고 있었다.

1885년의 봄 어느 날, 벤츠는 자기 집 마당에서 4사이클 석유엔진을 단 자동 2륜의 시운전에 성공했다. 뒤질세라 그해 가을 다임러는 벤츠를 능가하는 성과를 올렸다. 그런데 놀랍게도 100km나 떨어져 살았던 두 사람은 전혀 모르는 사이였고, 또 한평생 얼굴을 마주칠 기회조차 없었다.

다임러가 오토바이에 처음 관심을 갖게 된 것은 1872년이었다. 다임러는 니클라우스 오토(Nicolaus A. Otto)라는 기계기술자를 만나 함께 일하고 있었는데, 그 무렵 오토는 4사이클 고정 내연 가스엔진을 개발하고 있었다. 이에 자극을 받은 다임러는 자신도 자동 2륜차 연구에 전념하기로 했다. 그는 오토의 엔진을 분석하여 이것보다 뛰어난 내연기관을 만들어야겠다고 결심했다. 하지만 생각보다 어려워서 몇 달의 세월이 흘러도 달리 뾰족한 방안이 없었다. 그러던 어느 날 그는 그동안의 연구결과를 정리하며 희망에 부풀어 오르기 시작했다.

'그렇다. 연료는 석탄가스 대신 석유의 증기를 쓰고, 점화는 영구불꽃 대신 공기식 점화장치를 쓰는 거야.'

다임러의 생각은 적중했다. 오토의 특허를 교묘히 피하면서 성능은 오히려 앞선 내연기관 개발에 성공한 것이다. 다임러는 내연기관 발명에 이어 2륜차 제작에 들어갔다. 그의 2륜차는 튼튼한 구조로서 바퀴는 나무로 만들었으며 내연기관은 탑승자의 좌석 바로 밑에 장치했다. 다임러는 이 자동 2륜차(오토바이)가 시골 우체부에게는 최고일 것이라고 확신했다. 그러나 우체국에서는 이 놀라운 발명품을 거들떠보지도 않아 무용지물이 되고 말았다.

바로 이 오토바이가 진가를 발휘하기 시작한 것은 세계 제1차 대전 전후였다. 무엇보다 값이 싸다는 것과 주행 비용이 저렴하다는 데서 자동차의 인기를 앞지르게 된 것이다.

전쟁이 계속되자 다임러의 오토바이는 헌병 및 연락병용으로 채택되어 하늘 높은 줄 모르고 인기가 치솟아 오토바이 시대를 활짝 열어 놓았다.

▲ 다임러의 오토바이(1885)

베어의 **비디오게임**

– 공상을 즐기던 노인의 집념으로 발명 –

"공부는 나이와 상관이 없다."는 말이 있다. 발명도 마찬가지이다. 끊임없는 관찰과 계속되는 물음들이 인류의 생활을 윤택하고 행복하게 하는 원동력이다. 물론 이러한 관찰력과 자신에 대

▲ 랄프 H. 베어

한 쉼 없는 채찍질은 비단 젊은이에게만 있는 것이 아니다. 잘 살펴보면 6·70대 발명가도 꽤 많다. 우리가 지금 즐기고 있는 비디오 게임의 창시자 또한 67세의 노인이었다.

그의 이름은 랄프 H. 베어(Ralph H. Baer, 1922~)! 미국 뉴햄프셔주의 국방 기술 업체인 '샌더스 어소시에이츠(Sanders Associates)'에 다니던 베어는 틈만 나면 공상에 빠져들곤 했다.

'이것들을 가지고 무엇을 할 수 있을까?'

그의 머릿속은 남아도는 폐품과 나사들에 대한 생각으로 항상 가득 차 있었다.

그러던 어느 날, 베어의 머리에 새로운 생각 하나가 떠올랐다.

'미국의 각 가정에는 텔레비전이 있다. 심지어 한 집에 텔레비전이 두세 대씩도 있다. 이렇게 많은 텔레비전을 다르게 활용할 수 없을까?'

베어는 매 순간마다 항상 이 문제를 생각했다.

1966년 9월 1일, 베어는 뉴욕의 어느 정류장에서 버스를 기다

리고 있었다. 앞에는 손자뻘 되는 아이들이 뛰어다니고 있었다. 그는 그 아이들을 바라보다가 갑자기 무릎을 탁 쳤다.

'맞아! 게임을 하는 거야. 텔레비전으로 하는 게임! 얼마나 멋진가? 텔레비전을 가진 사람은 누구나 하고 싶어 할거야.'

베어는 기쁨에 넘쳐서 외쳤다. 집으로 돌아온 베어는 4페이지에 이르는 TV게임 설계도를 도안하기 시작해 5일 만에 평소 구상해 왔던 아이디어의 개략도와 함께 완성했다.

얼마 후 패크 맨이라는 이름의 게임을 만들었다.

"자, 이것 좀 봐. 패크 맨이 사람의 지시대로 움직이지? 이것은 간단한 움직임이지만, 곧 복잡한 동작도 나타낼 수 있어."

베어는 몹시 흥분해서 동료들에게 자랑했다. 그러나 간부들은 베어가 개발한 게임기에 대해 별로 탐탁지 않게 여겼다.

어느 날 아침, 베어는 자신의 작업실에 회사의 간부를 초대했다.

"자, 한번 해 보시겠어요? 동료들과 함께 만든 게임이랍니다."

베어는 자신이 만든 전자 사격 게임을 해 보도록 간부에게 권했다. 그 간부는 처음에는 별 반응을 보이지 않았지만 게임이 진행됨에 따라 점점 게임에 빠져들기 시작했다.

이후 그는 회사의 지원에 힘입어 열심히 게임 개발에 몰두하였고, 1967년 세계 최초의 가정용 비디오 게임기인 '브라운 박스(Brown Box)'를 발명하였다. 이어서 패드 볼 게임과 하키 게임을 만들어 냈다. 그리고 5년 뒤인 1972년 4월 25일, 그는 특허청으로부터 특허품으로 등록되었다는 통지서를 받았다. 그해 봄에는 마그나복스사를 통해 '오딧세이(Magnavox Odyssey)'라는 가정용 비디오 게임을 보급했고, 약 10만 개를 팔았다.

오늘날 전자오락이라는 이름으로 전 세계 완구 시장을 석권하고 있는 비디오 게임! 이것은 한 노인 발명가의 지치지 않는 관찰과 실천 속에서 만들어진 오락기계였다.

브라유의 **점자**

– 요철에 쓰인 암호에서 힌트를 얻어 탄생 –

발명 일화를 들춰 보다 보면 가끔 가
슴을 뭉클하게 만드는 감동적인 이야기
들이 나타난다.

열다섯 살에 최초의 실용적인 점자를
만들어 낸 루이 브라유(Louis Braille,
1809~1852)는 그 자신도 맹인이었다.

브라유는 3살 때 왼쪽 눈이 찔리는 사

▲ 루이 브라유

고를 당해 실명하였고, 4살 때 오른쪽 눈마저 감염으로 실명하였
다. 그러한 역경을 딛고 그는 전 세계 맹인들에게 한 줄기 빛의 역
할을 해낸 것이다. 이 때문에 그의 파란만장한 삶은 우리에게 많
은 가르침을 주고 있다.

그의 세계에는 색도 형체도 전혀 없었다. 찬란한 정오의 햇빛과
한밤의 신비한 별빛도 그에게는 아무런 의미가 없었다. 그의 세
계는 어둠, 오로지 어둠뿐이었다. 브라유의 마음은 너무나 착잡
했다. 자신의 스승과 같은 사람들이 맹인들을 위하여 온갖 노력을
기울이고 있지만, 이 혜택을 입는 사람은 너무나 극소수에 불과하
다는 사실 때문이었다. 게다가 얼마 전에 전해 들은 맹인의 생활
상으로 인해 그는 더욱더 스스로를 가책하고 있었다.

'수용소에 단체로 수용되어 바구니나 만들면서 근근이 살아가는
구나. 정말 맹인은 이렇게 밖에 살 수 없는 것인가?'

묵직한 책을 든 그의 손이 부들부들 떨려 왔다.

국립맹아학교에 다니던 브라유는 1821년 어느 날, 학교를 방문한 육군 포병 장교 샤를 바르비에로부터 이상한 종이 한 장을 건네받게 되었다. 그 종이는 밤중에 적에게 노출되지 않도록 작은 요철로 암호를 볼록하게 새겨 놓아 빛이 없어도 손가락을 더듬어 읽는 방식이었다. 이 종이를 접한 순간 브라유의 굳게 닫힌 눈에서 광채가 나는 것 같았다.

'아! 바로 이거야, 문자를 기호화하는 거야. A는 동그라미 하나, B는 동그라미 두 개,……. 이런 식으로 우리도 암호를 만들면 돼. 이제 우리 맹인들도 읽고 쓸 수 있게 될거야'

3년간의 노력 끝에 브라유는 1824년에 정사각형 모양으로 정렬된 여섯 개의 볼록한 점을 가지고 알파벳 26글자를 모두 표시하는 새로운 격자체계를 개발해냈다. 또한 맹인들이 쉽게 읽는 것뿐만 아니라 쓸 수도 있는 점자를 완성하였다. 브라유는 1829년에는 《점을 사용하여 단어와 음악, 간단한 악보를 작성하는 방법》의 저서를 출판하기도 했다. 그러나 안타깝게도 브라유의 고안이 정식으로 사용되기에는 많은 시간이 걸려야 했다.

1852년에 그가 결핵으로 파란 많은 생애를 마칠 때까지도 그의 점자 방식은 극히 일부에게만 알려졌다. 아마도 맹인 사회의 폐쇄성과 사회의 무관심에서 비롯된 잘못이었을 것이다. 1932년에 이르러서야 겨우 브라유의 기호는 국제회의에서 표준으로 합의되었다. 너무 늦은 감이 없지 않지만 어쨌든 암흑의 세계에서 고통을 받는 사람들에게는 한줄기 빛이 마련된 셈이었다.

▲ 점자 알파벳

샤르도네의 **인조견사**

― 실험 중 우연하게 발견한 누에명주의 대용품 ―

누에는 입에서 끈끈한 액체를 뱉는
다. 그것이 공기를 쐬고 굳어지면 바로
명주실이 된다. 명주실로 짠 옷감은 비
단이라고 해서 예로부터 가장 아름다운
옷을 짓는 데 사용되어 왔다. 이런 명
주를 누에에서 얻지 않고 화학적인 힘
을 빌려 인공적으로 만든 것이 인조견사

▲ 샤르도네

(Rayon)이다. 이 인조견사는 프랑스의 화학자 샤르도네(Hilaire
Comtede Chardonnet, 1839~1924)가 사진에 대한 연구를 하
다가 힌트를 얻어 발명한 것이다.

　프랑스의 유명한 생물학자이자 화학자인 파스퇴르의 제자였던
샤르도네는 당시 프랑스에서 유행하던 누에병에 대한 연구를 하
고 있었다. 그는 토목기사가 되는 것이 꿈이었으나 누에병을 비롯
한 여러 가지 전염병에 시달리는 사람들을 보고 그 꿈을 버렸다.
오랜 시간을 누에의 미립자병에 대한 연구를 하면서 샤르도네는
누에에 의지하지 않고 명주를 만들 수는 없을까 고심하기도 했다.
누에를 키우지 않고 명주를 만든다면 명주 직물업자들은 누에병
에 걸리지 않으리라고 생각했다.

　샤르도네는 누에병에 대한 연구를 하면서도 한편으로는 당시
큰 관심의 대상이었던 사진에 대해 흥미를 느껴 그 재료인 콜로디

온(Collodion)에 대한 연구를 병행하고 있었다. 어느날 샤르도네는 사진 건판의 원료로 쓸 생각으로 콜로디온을 한참 연구하다가 재미있는 현상을 발견하였다.

콜로디온을 작은 구멍으로 밀어내자 누에가 내뱉은 명주실처럼 가늘게 되어서 나왔기 때문이다.

'그래, 이것이다. 이것이 어쩌면 누에명주를 대신하게 될지도 모르겠다.'

자신감에 찬 샤르도네는 인공적인 견사를 만들기 위해 모든 시간을 투자했다. 그는 콜로디온 용액을 만들고 이것을 가는 구멍에 밀어 넣어 응고시켜 실 모양으로 재생시키는 확인 실험을 몇 차례에 걸쳐 계속했다. 그 결과 모두 성공이었다.

그렇지만 원료가 화공약품이었던 이 인조견사는 불에 약한 것이 단점이었다. 망치 같은 것으로 조금만 세게 두들겨도 폭발했고, 담뱃불에도 옷이 금세 타는 등 위험하기 그지없었다. 샤르도네는 다시 연구를 계속해서 불에 안전한 새로운 인조견사를 만드는 데도 성공했다.

샤르도네는 1889년 파리 박람회에서 일반 사람들에게 레이온을 처음으로 공개했다. 그 후 샤르도네는 '샤르도네 레이온'이란 공장을 세우고, 샤르도네 견직물로 개발된 합성섬유를 1891년에 세계 최초로 생산하기 시작했다. 제1차 세계대전까지는 이 샤르도네의 방법으로 인조견사가 만들어져 사용되었다.

후일 샤르도네는 인조견사를 발명한 업적으로 백작의 작위를 받는 행운까지 누렸다.

자전거의 시초라고 할 수 있는 발명은 1790년에 처음 등장했다.

프랑스의 귀족 콩드 드 시브락(Conte de Sivrac)이 만든 '셀레리페르(Celerifere, 빨리 달릴 수 있는 기계라는 뜻)'라는 이름의 발명품이 그것이다. 이것은 나무 축으로 두 개의 바퀴를 연결해 만든 단순한 구조로, 핸들과 브레이크가 없어 두 발로 땅을 차야만 앞으로 움직일 수 있었다. 이후 1818년 독일의 카를 폰 드라이스(Karl de Drais, 1785~1851)가 핸들이 달린 목마 이륜차인 드라이지네(Draisienne)를 발명했는데, 이는 자전거의 원조로 꼽힌다.

자전거의 진화에 크게 기여한 것은 1839년 스코틀랜드의 커크패트릭 맥밀런(Kirkpatrick Macmillan, 1812~1878)이 페달을 장착한 자전거를 발명하면서부터였다. 맥밀런의 자전거는 다리의 힘을 직접 바퀴에 전달해 더 이상 땅을 차지 않아도 달릴 수 있게 되었고, 앞바퀴로 자유롭게 방향을 전환할 수 있는 쾌거를 이뤄냈다.

1860년경에는 프랑스의 피에르 미쇼(Pierre Michaux, 1813~1883)와 그의 아들 에르네스트 미쇼(Ernest Michaux, 1842~1882)가 페달을 더욱 진보시켰는데, 앞바퀴에 페달을 단 미쇼형 자전거 '벨로시페드(Velociped)'는 현대적인 자전거의 출발점이 되었다.

1885년에는 영국의 존 켐프 스탈리(John Kemp Starley, 1854~1901)가 체인으로 작동하는 자전거인 로버(Rover)를 발명했다. 이는 앞바퀴와 뒷바퀴의 크기를 같게 하고, 페달 밟는 힘이 체인을 통해 뒷바퀴에 전달하는 원리로 현대 자전거의 원형이 되었다.

한편 1888년에는 영국의 수의사 존 보이드 던롭(John Boyd

Dunlop, 1840~1921)이 공기 타이어를 장착한 자전거를 발명했고, 1890년 마침내 '바이시클(Bicycle)'이라는 이름이 처음으로 불려지기 시작했다.

065 **기구에 증기기관을 달면?**

비행선

기구는 18세기 프랑스에서 발명되었는데, 1852년 앙리 자크 지파르(Henri Jacques Giffard, 1825~1882)는 기구에 증기기관을 달 것을 착상했다. 그것은 길이 40여m 기구에 50마력의 기관을 달고, 천천히 프로펠러를 돌리도록 되어 있었다. 기구는 비행기와는 달라 전진하지 않더라도 떨어지는 일이 없으므로 지파르의 기구는 시속 19km 속도로 날아가게 되어 있었다. 이것이 세계 최초의 비행선이었다.

그 후 1900년 프랑스의 르포디 형제가 비행선을 만들어 최대 시속 40km로 공중을 날았다. 또 이와 거의 같은 시기인 1900년 7월 독일의 F. 체펠린(Zeppelin, 1838~1917)이 알루미늄 골조를 조립하여 경식 비행선 '체펠린 1호'를 완성했으며, 1911년에는 '체펠린 7호'를 출시해 세상을 놀라게 했다. 또 1929년에 완성된 127번째의 '체펠린 백작호'는 65명을 태우고 세계 일주 비행에 나섰다. 그러나 이같은 비행선들은 비행기가 발명되고, 또 발전하면서 그 자취를 감추게 되었다.

▲ 체펠린 비행선(1929)

하늘을 날고 싶은 사람들의 꿈과 노력이 처음 결과로 나타난 것이 바로 몽골피에 형제의 기구다.

프랑스의 외곽에서 조제프 몽골피에(Joseph Montgolfier, 1740~1810)는 지물상을 운영하고 있었다. 어느 날, 그는 자루를 만들 때 종이에 묻은 풀을 빨리 마르게 하기 위해 얇은 종이자루의 입을 아래로 하여 불을 쬐고 있었다. 그런데 그만 자루가 두둥실 하늘로 떠올라 가고 말았다.

'만약 더 큰 자루에 강한 불을 쪼인다면 사람도 타고 날 수 있을까?' 몽골피에는 동생 자크와 함께 이를 연구하다가 자루의 비밀이 양모와 지푸라기를 태운 연기라고 생각했다.(실제 기구는 온도의 변화로 공기의 속성이 달라져 떠오름).

그리고 이들은 1783년 6월 5일 최초의 공개실험을 진행해 린넨 제품의 주머니로 만든 기구를 비행시키는 데 성공했다. 이는 공식적인 열기구 비행 성공일로 기록됐다. 이때는 사람이 타지 않았으나 같은 해 11월 21일 형제는 높이 23m, 둘레 14m짜리 열기구의 유인비행에 성공했다. 열기구는 평균 고도 910m 상공을 25분간 비행하며 25km를 날았는데, 이는 사상 최초의 유인비행이었다. 첫 비행사는 장 프란시스 필라트르 드 로지에와 프랑소와 다를랑드 후작이었는데, 국왕 브라유 16세는 첫 비행을 앞두고 죄수를 태울 것을 권했지만, 두 비행사는 역사적인 비행에 죄수를 태울 수 없다며 과감하게 탑승했다. 이후 같은 해 12월 1일 프랑스 물리학자 자크 샤를이 공기 대신 수소 가스를 기낭에 채워 두 시간을 비행하는 데 성공하면서 본격적인 기구 시대가 열렸다.

▲ 몽골피에 형제의 열기구

067 멀리서 일어나는 사건들을 집 안에서 생생하게

텔레비전

오늘날 대중매체 가운데 일반 사람들이 가장 많은 정보를 얻고 또 즐기는 것이 있다면 그건 바로 텔레비전일 것이다. 이처럼 텔레비전을 우리 일상 속의 일부분으로까지 끌어올린 최초 발명자는 영국의 엔지니어인 존 로지 베어드 (John Logie Baird, 1888~1946)이다.

병마에 시달리던 그는 전기 기술자직을 그만두고, 1922년부터 아버지가 대준 250파운드의 자금으로 런던의 작은 다락방에서 텔레비전 발명에 착수하였다.

1924년 2월 베어드는 닙코브 원판을 이용해 인형의 상을 맺히게 함으로써 반기계적인 아날로그 텔레비전이 가능함을 보였다. 이 최초의 시스템은 매우 원시적이어서, 상을 보여 주기도 어려웠을 뿐만 아니라, 이 상도 갈색의 빛을 띠고 있었다.

1925년 10월 30일, 마침내 베어드는 최초의 움직이는 인형의 상을 만들었다. 몇 번의 실패를 딛고 가장 원시적인 형태의 텔레비전을 만드는 데 성공한 베어드는 1926년에 공개실험에서도 최초로 성공하였다. 베어드의 주사 방식은 기계식이었으나 후에 전자식으로 바뀌었다. 베어드는 1927년에는 적외선을 이용하여 어둠 속에서 상(像)을 송신할 수 있는 녹토비저(noctovisor)를 발명하였다.

그가 창설한 베어드 텔레비전 개발회사에 의하여 1929년에는 사상 처음으로 BBC 방송이 텔레비전 방송을 시작하였다.

▲존 로지 베어드

068 인공두뇌시대를 연 발명품

컴퓨터

컴퓨터(Computer)는 여러 사람들의 연구와 노력 끝에 탄생한 발명품으로 이 명칭은 '계산한다'는 뜻의 라틴어 'Computare'에서 유래되었다.

1623년 독일의 빌헬름 시카르트(Wilhelm Schickard, 1592~1635)가 6자리 숫자의 덧셈과 뺄셈을 수행할 수 있는 최초의 기계식 계산기를 발명하였다. 1642년에 당시 19세에 불과했던 블레즈 파스칼(Blaise Pascal, 1623~1662)이 세무원인 아버지를 돕고자 10진수의 덧셈과 뺄셈을 계산할 수 있는 기계식 계산기를 발명하였다. 이 계산기는 최초의 디지털 계산기로서 '파스칼린(Pascaline)'이라고 불린다. 1672년 고트프리트 빌헬름 라이프니츠(Gottfried Leibniz, 1646~1716)는 파스칼린을 곱셈이 가능한 기계로 개선하였고, 이진법을 고안하였다. 1822년 영국 수학자 찰스 배비지(Charles Babbage, 1792~1871)는 다항함수와 로그함수, 삼각함수 등을 계산할 수 있는 기계식 계산기인 차분기관을 1855년에 제작하였고, 1835년에는 해석기관을 설계하였다. 이 해석기관은 최초의 프로그래밍이 가능한 컴퓨터로 인정받고 있다. 1936년 현대 컴퓨터 과학의 아버지라 불리는 영국의 수학자 앨런 튜링(Alan Mathison Turing, 1912~1954)이 진공관을 이용하여 '콜로서스(Colossus)'라 불리는 암호해독용 기계를 만들어 1943년 12월에 가동했는데, 이를 세계 최초의 연산컴퓨터로 보는 사람들도 많다. 1937년 벨 연구소의 조지 스티비츠(George Stibitz, 1904~1995)는 이진법을 사용하는 최초의 전자식 디지털 계산기를 개발하였다. 1944년 하버드 대학 교수인 에이컨이

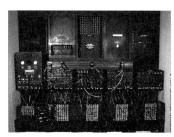
▲에니악

118

IBM 사의 후원을 얻어 우리가 최초의 컴퓨터라 부르는 'MARK-1'을 제작하였다. 1946년 미국에서 개발된 '에니악(ENIAC)'은 주로 군사적 목적으로 사용되었으며, 최초의 프로그래밍이 가능한 범용 컴퓨터로 알려져 있다. 이후 1970년대 말부터 개인용 컴퓨터(PC)가 보편화되기 시작했다.

069 낡은 차고에서 탄생한 첨단 문명

애플 컴퓨터

1976년 애플사의 공동 창업자인 스티브 잡스(Steve Jabs, 1955~)와 스티브 워즈니악(Steve Wozniak, 1950~)이 '애플-1'이라는 세계 최초의 8비트(bit) 퍼스널 컴퓨터(PC)를 제작하는 데 성공하였다. 애플-1은 잡스의 차고에서 제작한 모델로 당시 판매가는 666.66달러였다. 특히 잡스가 사과를 한 입 베어물고 '애플(Apple)'로 작명했다고 전해진다. 두 사람은 애플-1을 지방의 애호가들과 전자공학에 심취한 사람들에게 판매를 시작했으며, 이듬해까지 200대를 판매했다.

1년 뒤 1977년, 세계 최초의 완제품 퍼스널 컴퓨터 '애플-2'를 출시했다. 한편 애플-1은 2010년 런던 크리스티 경매에서 12만 달러, 우리 돈으로는 2억 4000만 원에 판매되며 화제를 낳기도 했다.

▲ 스티브 잡스의 젊은 시절

잠깐상식 세계 최초의 개인용 컴퓨터는?

제록스 PARC이 1973년 개발한 '제록스 알토(Xerox Alto)'를 최초의 개인용 컴퓨터로 꼽는다. 이 제품은 데스크톱 변형과 그래픽 사용자 인터페이스(GUI)를 이용한 최초의 컴퓨터였다. 알토는 이후 개인용 컴퓨터 특히, 애플의 매킨토시의 설계에 큰 영향을 주었다. 제록스 알토 제작팀은 컴퓨터 연구에 기여한 공로를 인정받아 2004년에 공학의 노벨상에 해당하는 '드라퍼상'을 수상했다.

<table>
<tr><td>

070 컴퓨터가 선사하는 또 다른 세계

가상현실

</td><td>

가상현실(VR · Virtual Reality)이란 인간의 시각 · 청각 · 촉각 등에 작용하여 마치 현실처럼 느껴지는 가상세계를 말한다. 이러한 현상은 컴퓨터에 의해 만들어지고 프로그래머가 창조한 3차원 환경에 기반을 둔다. 가상현실이라는

</td></tr>
</table>

말은 1895년 컴퓨터 과학자이자 게임 제작자인 제론 레이니어 (Jaron Z. Lanier)가 캘리포니아의 실리콘밸리에 VPL리서치를 설립하며 최초로 사용한 말로, 최초의 VR환경은 1988년에 등장하였다.

사람은 가상현실 속으로 들어갈 수 있고, 또 상호작용도 가능하다. 즉 가상적으로만 존재하는 것을 보고, 만지고, 움직일 수 있는 것이다. VR을 경험하고자 하는 사람은 특별히 고안된 헬멧과 장갑을 쓰고 애니메이션 영상과 같은 세계로 들어가게 된다. 활동 영상이 그 첫걸음이고, 3D(3차원 또는 입체) 활동 영상이 두 번째 걸음이었다.

최근에 가상현실은 교육이나 원격조작, 자료분석 등 그 응용 분야가 광대하다. 그러나 무엇보다도 가상현실 기술의 대표적 적용 사례는 시뮬레이션 게임(simulation game; 현실 상황을 컴퓨터 게임으로 표현한 게임)이다. 이는 머리에 HMD(Head Mounted

Display)를 쓰고 손에 특수한 장갑(data glove)을 끼고 몸에 꼭 맞는 특수옷(data suit)을 입으면 프로그램에 따라 다양한 게임을 즐길 수 있다.

▲ 가상현실

071 영상을 보관할 수 있는 방법이 있을까?

비디오테이프

1927년에 실용화된 텔레비전은 50년 대에 와서 보편화되었다. 소리의 자기 기록도 같은 시기에 실현되었으므로, 텔레비전 화상을 활동영상필름이 아닌 다른 방법으로 기록하는 수단을 찾는 것은 자연스러운 일이었다. 여기에 관련된 실험이 1940년대 후반부터 행해졌고, 스카치테이프 제조회사인 3M사는 1951년 최초의 비디오테이프 레코더를 선보였다. RCA도 1954년에 경쟁작품을 내놓았으나 둘 다 만족스런 정도는 아니었다. 1951년 레이 돌리가 실용적인 녹화기를 개발하기 시작하여 67년에 자기기록에서의 잡음제거장치인 돌비시스템을 처음으로 개발했다. 1958년에는 최초의 컬러 비디오테이프 레코더인 암헥스 VR1000B가 출시됐고, 63년에 소니와 필립스가 처음으로 가정용 비디오 레코더를 선보였다.

072 비디오테이프의 화질을 개선할 수 있을까?

비디오디스크

텔레비전의 화면을 재생하는 비디오 카세트의 하나인 비디오디스크는 가정용 비디오테이프 레코더가 인기를 얻은 지 얼마 안 되어서 시장에 소개되었다. 비디오디스크는 네덜란드의 필립스 사에 의해서 1972년에 최초로 판매되었고, 프랑스의 톰슨·일본의 JVC, 미국의 RCA에서도 출시됐다. 그러나 LP 레코드와 크기가 같은 비디오디스크는 녹화가 불가능하고, 미리 녹화된 것만을 쓸 수 있다는 단점 때문에 처음 소개되었을 때 그리 큰 인기를 끌지 못했다. 그러나 1990년대에 들어서면서 소비자들은 비디오디스크의 화질이 비디오테이프보다 월등하다는 것을 깨닫게 됐고, 이후 시장에서 커다란 호응을 얻게 되었다.

073 LP의 단점을 극복할 수 없을까?

콤팩트디스크

축음기 발명 이후 레코드 음악 시장에 가장 큰 바람을 가져온 것은 콤팩트디스크(Compact Disk)의 등장이라고 할 수 있다. 콤팩트디스크가 등장하자 닳거나 긁힘이 많아 수명이 짧았던 전통적인 LP음반은 급속히 사장되었다.

콤팩트디스크는 음성신호를 디지털화해 금속판에 기록한 광디스크의 하나로 흔히 시디(CD)라고 약칭한다. 콤팩트디스크는 지름 12cm의 은색 원반에 비트라는 작은 요철(凹凸)을 만들어 음악 데이터를 기록하여 레이저 광선으로 이 요철을 쬐면 데이터가 판독되는 방식이다. 이때 레이저 광선이 비접촉식으로 이뤄지므로 잡음이 적고 음질이 우수하다.

콤팩트디스크의 기본 특허는 네덜란드의 필립스와 일본의 소니가 각각 소유하고 있다. 양사는 1981년에 레드 북(Red Book)이라는 규격서를 만들어 CD의 세계 표준을 제시했다. 프로토타입 플레이어는 1977년, 1979년 필립스와 소니에서 각각 제작되었으며, 1982년 첫 제품이 시장에 나왔다.

최근 들어서는 읽기 전용인 CD-ROM, 대화형 CD-I 등이 출시되고 있다.

074 소리를 기록으로 남길 순 없을까?

자기기록

영국의 스코트는 소리의 진동을 연구하다가 진동판에 털을 붙여서 이 진동을 종이에 통과시키는 방법으로 소리를 기록하는 데 성공했다. 하지만 소리를 다시 살려 재생시킬 수는 없었다.

1877년 나온 에디슨의 축음기는 사람들이 자기 자신의 소리나 모습을 기록하고, 이를 재현하고자 하는 꿈을 실현시켜 준 첫 번째 발명품이었다. 이후 자석이 기록매체로 이용되기 시작하는데, 자기(磁氣)기록의 원리는 가는 선 또는 테이프에 아주 작은 크기의 판독 가능한 영역을 만드는 것이다. 이러한 자기기록의 이론은 1888년 영국의 오벌린 스미스(Oberlin Smith, 1840~1926)에 의하여 제기되었으나, 철사 줄을 이용한 최초의 자기 녹음기는 1898년 덴마크의 발데마르 포울센(Valdemar Poulsenm, 1869~1938)에 의해 정립됐다. 포울센은 음성신호에 대응하는 전류의 강약에 따라 강철선을 자기화시키는 방법을 실행했는데, 그는 자신의 발명품을 '텔레그래폰(Telegraphone)'이라고 불렀다.

이후 1927년 미국의 J. A. 오닐에 의해 리본에 산화철을 코팅한 자기기록 시스템이 개발됐고, 1928년에는 독일의 프리치 프로이머가 자성체 분말을 종이 위에 바른 도포형 자기기록 테이프 개발에 성공하면서 자기기록에 새로운 계기를 만들었다. 그는 이를 독일의 화학회사인 AEG에 팔았고, 이것을 BASF가 사들였다. 그들은 종이 대신 셀룰로스 아세테이트를 사용했다. 한편 최초의 상업적인 녹음은 1946년 독일의 BASF 공장에서 이뤄졌으며, 이는 오케스트라의 연주를 담은 것이다.

▲ 오벌린 스미스

075 빛을 멀리까지 전파시킬 수는 없을까?

광섬유

빛은 항상 직선으로 나간다. 그러나 광섬유(optical fiber)는 빛을 휘게 한다. 광섬유는 유연한 유리 또는 투명한 플라스틱으로 된 실인데 연속적인 내부반사로 빛을 전파시킨다.

빛은 매질이 다른 물질을 지나가면 굴절되는 성질이 있다. 굴절률이 큰 매질에서 굴절률이 작은 매질로 빛이 진행할 때 입사각이 크면 빛이 매질 밖으로 나가지 못하고 모두 반사되는데 이 현상을 내부반사 또는 전반사라고 한다. 광섬유는 이 전반사의 원리를 이용해 빛을 밖으로 빠져나오지 못하게 함으로써 먼 곳까지 정보를 전달해 주는 원리를 이용한다.

광섬유는 빛의 전달 시 여러 번 반사해도 내부반사로 에너지 손실이 없으므로 먼 곳까지 빛을 보낼 수 있다. 광섬유는 1930년대부터 환자의 위나 치아를 들여다보는 용도로 사용돼 왔으나, 이때 쓰인 광섬유는 길이가 짧고 단순한 구조를 갖추고 있었다.

이후 내부반사의 실제적인 응용은 1955년 인도 출신의 미국 과학자 나린더 S. 카파니(Narinder Singh Kapany, 1926~)에 의해서였다. 그는 1952년 광섬유를 발명, '광섬유의 아버지'라고 불리는데, 그가 인체 내부를 관찰할 때 사용하는 내시경(endoscope)에

▲ 나린더 카파니

광섬유를 사용한 것을 계기로 본격적으로 시작되었다. 이 카파니의 발견은 유리섬유 광케이블의 기초가 되었다. 그리고 1960년 코닝 글라스 사는 광섬유를 이용해 빛 에너지를 통과시키는 유리를 발명했다.

076 흘러간 시간을 영원히 가둬두는 방법

사진

사진술의 발명은 평면에 상을 투영시키는 렌즈와 투영된 상을 기록할 수 있는 감광물질의 개발로 이루어졌다.

렌즈는 바늘구멍 카메라의 원리에 기원을 두고 있는데, 이는 아리스토텔레스 시대 때부터 시작됐다. 당시 아리스토텔레스는 방 안을 어둡게 한 뒤 한쪽 벽면에 바늘구멍을 뚫어 놓으면, 방 밖에 있는 물체의 영상이 비록 거꾸로 된 형태이기는 하지만 방 안의 벽면에 비친다는 사실을 알아냈다.

이 원리는 이후 레오나르도 다빈치가 처음 사용했다. 다빈치는 네모난 상자의 한쪽 면에 바늘구멍을 뚫어 놓고, 그 반대 면에는 종이를 붙여, 바늘구멍이 향하고 있는 쪽 영상이 상자 속으로 들어와 종이에 비치도록 만들어 밑그림을 그리는 도구로 사용했다.

1727년 독일의 물리학자 요한 하인리히 슐체(Johann Heinrich Schulze, 1687~1744)는 질산은이 빛에 노출되면 색깔이 검어진다는 사실을 발견했고, 영국에서는 험프리 데이비(Humphry Davy, 1778~1829)가 질산은을 사용하여 더 많은 실험을 하였다.

이후 질산은을 활용하는 방법을 찾는 사람들이 늘어났고, 그 중 대표적인 인물이 프랑스의 인쇄업자인 조셉 니에프스(Joseph Niepce, 1765~1833)였다. 니에프스는 질산은 대신 비투맨이라는 물질에 관심을 가졌는데, 이 물질을 금속판에 바른 뒤 카메라 옵스큐라의 벽면에 세워 1826년 인류 사상 최초의 사진을 찍는 데 성공했다. 이후 1839년 8월 19일, 루이 쟈크 망데 다게르(Louis Daguerre, 1787~1851)는 요오드 증기를 쐰 은판(銀板)에 수은 증기를 다시 쐬면 현상이 가능하다는 사실을 우연히 발견, '다게레오 타이프(Daguerreo Type)'라는 최초의 사진기를 발명했다.

이후 오늘날의 비닐과 유사한 셀룰로이드가 만들어지면서 사진의 필름에는 셀룰로이드가 사용되기 시작했고, 아울러 다게르와 탈보트(Talbot)의 장단점을 보완한 각종 개발품이 생산됐다.

하지만 1970년대의 디지털카메라의 등장은 필름을 사용했던 기존 카메라 시장을 완전히 바꿔 놓았다. 1975년 코닥 엔지니어였던 스티븐 세손이 세계 최초의 디지털카메라를 개발해 디지털 시대를 열었다. 이어 1981년에는 소니가 최초의 상용화 디카 '마비카(Mavica)'를 출시하였다.

077 순간의 아름다움을 오래 간직할 수는 없을까?

필름

사진을 찍으려면 반드시 필요한 것이 필름이다.

필름은 누가, 어떻게 발명했을까?

1839년 프랑스의 다게르가 사진술을 발명했을 무렵, 영국의 탈보트(W. H. F. Talbot, 1800~1877)도 다게르와 다른 방법으로 감광판을 만들 것을 생각했다. 탈보트는 소금물에 적신 종이에 초산은의 용액을 듬뿍 바르고, 그 종이 앞에 꽃이나 잎을 놓아 햇볕을 쬐어 보았다. 그러자 종이 위에 꽃이나 잎의 그림자가 검게 남고 햇볕을 쬔 부분은 검게 되었다. 이것은 흰 부분이 검고, 검은 부분이 희게 찍히는 음화(네거티브)였으며, 밝은 곳에 두면 전체가 감광해서 까맣게 변하는 것이었다.

탈보트는 여러 가지 실험 끝에 감광지를 물로 씻어 내고, 소금물이나 옥화칼륨의 용액에 담그면 색이 변하지 않는다는 사실도 알아냈다. 그

▲ W. H. F. 탈보트

 로 보는

리고 1841년 종이 인화법인 캘러타이프(calotype)를 발명해 현대 사진의 서막을 열었다. 이후 1889년에는 조지 이스트맨(George Eastman)이 투명 셀룰로이드 필름롤을, 1928년 7월 미국의 이스트만 코닥사에서 컬러필름을 발명했다.

078 사진으로 보는 총천연색 세상

컬러사진

프랑스의 알렉상드로 에드몽 베퀴에렐은 1849년 컬러사진을 찍는 데 성공했지만 영구 보존에는 실패했다. 흑백사진은 빛에 대한 감도만으로 충분했지만 컬러사진에는 삼원색 각각에 대한 감도가 필요했기 때문이다.

그로부터 10년이 지난 뒤 영국의 물리학자 제임스 C. 맥스웰(James Clerk Maxwell, 1831~1879)은 컬러사진에 대한 이론을 정리하기 시작하여 1861년에 합성 컬러사진을 선보였다.

1935년 레오폴드 마네스(Leopold Mannes)와 레오폴드 고도스키(Leopold Godowsky)는 실용적인 총천연색 정지사진을 개발했다. 그리고 코닥사와 특허 계약을 맺었다. 이것은 코닥크롬이라는 이름으로 출시된 후 60년간 산업표준이 되었다.

한편 1937년 독일에서는 아그파 회사가 비슷한 필름을 개발했고, 코닥은 41년 컬러 네거티브 필름인 코닥컬러를 선보였다.

▲ 제임스 C. 맥스웰

079 인간이 비를 내리게 할 수는 없을까?

인공강우

오늘날 우리들은 하늘에서 내리는 비까지도 인간의 힘으로 가능한 시대에 살고 있다.

인공강우는 구름에 인공적인 영향을 가해 내리는 비를 말하는데, 이의 실현자는 1946년 미국 제너럴 일렉트릭(GE) 연구소의 빈센트 J. 쉐퍼(Vincent J. Schaefer, 1906~1993)다. 쉐퍼는 어느 여름 날, 냉장고 문을 열었는데, 안에서 흡사 안개 같은 연기가 나는 장면을 보게 되었다. 이를 신기하게 여긴 쉐퍼는 냉장고 문을 열고 닫기를 반복하다가, 냉장고 윗면에 맺힌 작은 물방울들을 보게 되었다. 그 물방울들은 서로 뭉쳐서 큰 물방울이 되고, 냉장고의 밑면으로 떨어지고 있었다. 그 모양을 관찰하던 쉐퍼는 인간의 힘으로 비를 내리게 하는 방법에 대한 힌트를 얻어 연구를 시작했다.

쉐퍼는 1946년 실험실에서의 결과를 토대로 비행기에서 비의 종자인 드라이아이스를 구름 속으로 살포하는 항공실험을 실시했다. 이후 1947년 베나르드 보네거트(Benard Vonnegut, 1914~1997)가 요오드화은(AgI)을 이용한 인공강우 항공실험에 성공했으며, 이들의 실험을 계기로 세계 곳곳에서 인공강우 실험이 진행됐다.

한편 미국의 기상조건에서는 인공강우가 실용화되고 있는데, 특히 회오리바람이 일어날 때 이것을 이용하면 많은 효과를 거둘 수 있다고 한다.

080 다이아몬드를 인공적으로 만들어 낼 수 없을까?

인조 다이아몬드

모든 보석은 옛날이나 지금이나 부와 아름다움의 상징이고, 많은 사람들의 사랑을 받으며 온갖 장식품으로 만들어져 그 가치를 인정받고 있다. 그 중에서도 다이아몬드는 단연 으뜸이다. 이 때문에 최고의 보석으로 각광받는 천연 다이아몬드를 사람이 인공적으로 만들고자 한 것은 어쩌면 당연한 일인지도 모른다.

그렇다면 인조 다이아몬드는 어떻게 만들어졌까? 이 인조 다이아몬드는 탄소 또는 탄소화합물로부터 합성해 만들어진다.

1953년 발트자르 폰 플라텐(Baltzar von Platen, 1898~1984)과 그의 팀은 스웨덴 전기회사인 ASEA에서 인조 다이아몬드를 만들어 내는 데 성공했다.

그로부터 1년 후 폰 플라텐의 팀은 제너럴 일렉트릭(GE) 사로부터 인조 다이아몬드 제작을 최초로 의뢰받아, 1954년에 첫 개가를 올렸다. 당시 GE에서 근무하던 하워드 트레이시 홀(Howard Tracy Hall, 1919~2008)은 땅 속에서 다이아몬드를 생성시키는 고압 · 고온상태를 재현할 수 있는 기계를 개발, 인조 다이아몬드를 탄생시키게 된다.

이후에도 지속적인 제조 방법의 발전이 이뤄진 인조 다이아몬드는 현재 금속의 칼날 연마제, 전축의 바늘 등에 주로 사용되고 있다.

▲ 트레이시 홀과 그가 고안한 다이아몬드 프레스

한 번 쓰고 버리는 전지를 여러 번 사용할 수 있을까?

축전지

자동차나 트랜지스터 등에 사용되는 축전지는 충전을 하여 몇 번이고 사용할 수 있는 전지다. 2차전지라고도 하며 여기에는 아연전지, 알칼리전지, 수은 소형전지 등이 있다.

1794년 이탈리아의 알렉산드로 볼타(Alessandro Volta, 1745~1827)가 최초의 전지인 볼타전지를 만들었고, 1836년에는 영국의 토머스 다벤포드(Thomas Davenport, 1802~1851)가 수정을 강하게 압축하여 전기를 생성할 수 있는 배터리를 발명했으나 매우 무거워 실용화되지는 못했다.

이후 1859년 프랑스의 물리학자 플랑테(Gaston Plante, 1834~1889)가 납축전지를 발명하였다. 플랑테의 납축전지는 열차가 역에 정지하고 있는 동안 객차의 불을 밝히는 데 사용되었다. 그러나 플랑테의 납축전지는 납을 주재료로 하고 있어 무겁고 부피가 크다는 것이 단점이었다.

이에 인류는 가벼운 축전지를 얻기 위한 연구를 지속했고, 이후 미국의 발명가 에디슨이 니켈과 쇠를 전극으로 하고 알칼리를 전해액으로 사용하는 알칼리 축전지를 발명하였다.

에디슨의 축전지는 포드자동차 T형에 장착됐고, 무엇보다 에디슨에게 가장 많은 부를 안겨준 발명품이기도 했다. 이 전지는 납축전지에 가벼울 뿐만 아니라 매우 안정적이고 큰 전력을 얻을 수 있었기 때문에 광산의 칸델라용을 비롯해 철도 수송용 등에도 사용됐다.

▲알렉산드로 볼타

082 태양의 빛을 전기에너지로 바꿔라

태양전지

태양은 항상 지구상의 생물에게 빛과 따뜻함을 공급하는 원천이 되고 있다. 이 태양의 빛을 에너지로 변환하고자 하는 움직임은 고대부터 있어 왔는데, 고대 그리스의 아르키메데스는 태양광선에 광학적으로 초점을 맞춰 불을 붙이는 이론을 정립했다. 이 기술은 최초의 렌즈가 개발된 뒤부터 지속적으로 사용돼 왔다. 이후 1839년 프랑스의 과학자 베크렐(Antoine Henri Becquerel, 1852~1908)이 광기전력 현상(전해질 속에 담긴 2개의 전극에서 발생되는 전력이 빛에 노출되면 증가하는 현상)을 발견하면서 태양전지에 대한 기초가 마련됐다. 이후 1940~50년대 초에 단결정 실리콘을 성장시키는 초콜라스키법(Czochralski Process)이 개발되면서 이에 대한 연구는 활기를 띠기 시작했고, 1954년 미국의 벨연구소(Bell Lab)가 태양으로부터 오는 빛에너지를 전기로 바꾸는 변환장치인 태양전지를 발명하면서 태양전지 연구 개발의 서막이 시작되었다.

벨연구소는 당시 결정성 실리콘 등을 이용해 약 4%의 효율을 가진 태양전지를 발명했으나, 당시에는 화석연료가 풍부한 상황이었으므로 이 에너지원이 그다지 주목을 받지 못했다. 그러나 4년 후인 1958년, 미국의 뱅가드(Vanguard) 위성에 실리콘 태양전지가 최초로 장착되면서 화제를 모으게 된다. 당시 사용된 실리콘 태양전지는 9%의 에너지 변환효율을 지닌 것으로 이후 익스플로러(Explorer), 스푸트니크(Sputnik) 위성 등에도 사용됐고, 이후 태양전지가 인공위성의 전원장치로서 활발한 연구가 진행되는 계기를 마련하였다.

▲안토니오 H. 베크렐

⁰⁸³ 인간 눈의 한계를 뛰어넘은 발명품

현미경

작은 물체를 확대하는 기능을 가진 현미경에 관한 기록은 AD 1000년경 그리스와 로마시대의 렌즈 사용 이후부터라고 나와 있지만, 확실한 기원이라고 하기엔 그 기록이 부족하다.

현재의 현미경과 같은 구조를 지닌 현미경은 1590년 네덜란드의 자하리야 얀센(Zacharias Jansen, 1580~1638)과 그의 아버지인 한스 얀센(Hans Jansen)에 의해 발명됐다. 얀센 부자는 2개의 렌즈로 구성된 망원경 모양의 복합현미경을 발명하였는데, 이는 색수차로 인해 고배율 관찰은 어려웠던 것으로 전해지고 있다. 그리고 1670년 네덜란드의 안토니 반 레웬후크(Anthony van Leeuwenhoek, 1632~1723)는 당시로서는 매우 놀라운 273배 정도의 고배율 관찰이 가능한 광학현미경을 발명해 현재 현미경의 모태를 마련한다.

이후 현미경은 비약적인 발전을 거듭해 1931년 독일의 막스 크놀(Max Knoll, 1897~1969)과 그의 제자였던 에른스트 루스카(Ernst Ruska, 1906~1988)가 전자현미경을 발명하는 데 성공하였다. 루스카 박사는 전자현미경 발명과, 지속적인 성능 개선에 기여한 공이 인정되어 전자현미경 발명 55년 만인 1986년, 80세의 나이로 노벨 물리학상을 수상하였다.

▲ 에른스트 루스카

084 어떻게 하면 백열등보다 경제적일까?

형광등

현재 많은 사람들이 알고 있는 것처럼 실용화된 전구는 토머스 에디슨(T. A. Edison)이 1879년 발명하였다. 당시 에디슨은 탄소 필라멘트를 이용하여 40시간 정도 빛을 내는 전구를 만들었다. 이후 탄소 필라멘트가 잘 끊어지는 단점을 보완하여 1910년 쿨리지(W. D. Coolidge)가 텅스텐 필라멘트를 발명함으로써 더 밝고 수명도 긴 전구의 역사를 열었다.

이러한 백열전구의 발명에 앞서 형광등을 만들려는 최초의 시도는 1857년 프랑스의 물리학자 알렉산더 에드먼드 백쿼렐(Alexandre E. Becquerel, 1820~1891)에 의해 시작됐다. 그는 전기 방전으로 빛을 낼 수 있다는 자신의 이론을 실험적으로 증명해 보임으로써 형광등의 실용화 과정에 기여했다.

구체적으로 그는 1859년 가이슬러관 내부에 백열광에 의해 형광빛을 내는 성질이 있는 화학약품 형광제를 발라 일종의 형광등을 만들어냈다.

이후 1901년 미국의 피터 쿠퍼 휴잇(Peter Cooper Hewitt, 1861~1921)이 수은 방전등을 만들었고, 1927년에는 에드먼드 저머(Edmund Germer, 1901~1987)가 시험적인 형광등을 제작하기도 했다.

그리고 1938년 제너럴 일렉트릭(GE) 사의 인만(George E. Inman)은 긴 수명과 높은 발광 효율을 지닌 현재의 형광등을 발명하여 실용화하는 데 성공하였다. GE 사의 형광등은 낮은 전류로도 효과를 나타내 높은 전류를 필요로 하는 백열등보다 훨씬 경제적이었다. 형광등은 2차 세계 대전 중에는 군용으로만 사용되었으나, 전후에 일반인들에게도 급속히 보급되었다.

오늘날 우리는 플라스틱의 홍수 속에 살고 있다고 해도 과언이 아닐 만큼 많은 플라스틱 제품과 관련을 맺고 있다. 최초의 플라스틱은 셀룰로이드(celluloid)로, 이는 천연물인 셀룰로스(cellulose)로 만든 천연수지였다.

1863년 미국 상류사회에서는 당구가 유행했다. 그들은 코끼리의 상아로 당구공을 만들어 사용했는데 코끼리의 수가 급감하면서 당구공 가격이 폭등하기 시작했다. 이에 사람들은 상금을 걸고 당구공의 대용품을 찾게 됐고, 인쇄공이었던 존 하이아트(John. W. Hyatt, 1837~1920)는 여러 가지 실험 끝에 최초의 플라스틱 당구공을 만들게 되었다. 하이아트는 자신이 만든 물질에 '셀룰로이드'라는 이름을 붙였고 동생과 함께 회사를 설립했다. 그러나 셀룰로이드는 이따금 폭발하는 치명적인 단점을 가지고 있었다.

이러한 한계를 극복하고자 그 다음으로 만들어진 것이 벨기에 출신의 미국인 발명가 베이클랜드(Leo Baekeland, 1863~1944)가 만든 '베이클라이트(Bakelite)'였다. 이는 본격적인 플라스틱 시대를 연 발명품으로, 베이클랜드는 포름알데히드와 페놀을 이용해 최초로 합성수지 플라스틱을 만들어 내 1909년 특허를 취득했다.

베이클라이트 이후 플라스틱 연구는 크게 활기를 띠게 됐고, 20세기 초에는 셀룰로이드 대신 거의 모든 분야에서 베이클라이트가 사용됐다. 특히 이는 이후 나일론 발명의 기반을 마련하게 된다.

1 더해 보라

지우개 달린 연필, 전등이 부착된 드라이버, 롤러 브레이드(바퀴+구두), 복합 샴푸(샴푸+린스+염색), 시계 달린 볼펜(시계+볼펜) 등

2 빼 보아라

삼각팬티, 미니스커트, 노 튜브 타이어, 무선 전화기, 디지털 카메라, 무설탕 껌, 무가당 주스 등

3 모양을 바꿔 보아라

엠보싱 화장지, 코카콜라병, 파커만년필, 버튼식 전화기 등

4 반대로 해보아라

진공청소기, 벙어리장갑, 무좀 예방 양말, 세발 자전거 등

5 용도나 재료를 바꿔 보아라

얼음 톱(← 전기회전톱), 청바지(← 천막 천), 종이컵, 나무젓가락 등

6 남의 아이디어를 빌려라

물에 뜨는 비누, 소프트 아이스크림, 기포벽돌, 기포 유리 등

7 불편한 점을 고쳐 보아라

신용카드, 주전자 뚜껑 구멍 등

8 폐품을 활용하라

타르에서 아닐린 채취, 버린 가죽을 활용한 장갑과 지갑 등

9 크게 또는 작게 해보아라

경차, 압축세제, 2배 식초, 휴대용 TV, 손목시계, 휴대전화 등

10 실용성이 없는 발명은 피하라

"만약 다른 사람도
나와 마찬가지로
심각하게 그리고
지속적으로 수학 진리를
사고하였다면 그들도
나와 같은 **발명**을
하였을 것이다."

– 카를 프리드리히 가우스

넷째 마당 _
역사에 남을 위대한 발명

86. 듀보스의 항생제 _ 항생물질 연구의 선구적인 업적
87. 플레밍의 페니실린 _ 인류를 구원한 최초의 항생제 발견
88. 제너의 종두법 _ 천연두 공포로부터의 해방
89. 파스퇴르의 광견병 백신 _ 광견병으로부터 인류를 구원
90. 허쇼위츠의 내시경 _ 머리카락에서 힌트를 얻은 위대한 발명
91. 벨의 전화기 _ 끊임없는 연구와 사업가적 기질이 이룬 발명
92. 마르코니의 무선전신 _ 전선 없이 전파만으로 신호를 보낼 수 있을까?
93. 모스의 전신기 _ 미국 화가, 유선통신시대를 열다
94. 왓슨 와트의 레이더 _ 전쟁 중 비행기의 위치를 추적하기 위해 발명
95. 랑주뱅의 초음파탐지기 _ 잠수함의 위치를 파악하기 위해 발명
96. 버쉬넬의 잠수함 _ 독립전쟁 중 군함에 맞서 발명한 최초의 잠수정
97. 오티스의 엘리베이터 _ 엘리베이터의 속도를 빠르고 안전하게
98. 갈릴레이의 온도계 _ 헤론의 책에서 힌트를 얻어 발명
99. 노벨의 다이너마이트 _ 세심한 관찰에서 아이디어를 얻어 탄생
100. 스미턴의 시멘트 _ 튼튼한 등대를 짓다가 우연하게 발명
101. 모니에의 철근 콘크리트 기법 _ 견고한 화분 만들기에서 비롯된 건축기법의 신화
102. 캐로더스의 나일론 _ 화학적으로도 섬유를 만들 수 있을까?
103. 아라비아숫자를 인도에서 만들었다고? _ 아라비아 숫자
104. 역사에 기록된 가장 오래된 폭발물 _ 화약
105. 지구의 방향을 가리키는 인류 3대 발명품의 하나 _ 나침반
106. 인류가 만든 가장 오래된 무기 _ 활과 화살
107. 지식의 대중화에 기여한 발명품 _ 인쇄술
108. 구전에서 기록으로 역사를 바꾼 발명품 _ 종이
109. 프로메테우스 불 이후 인류의 두 번째 불 _ 전구
110. 무게를 쉽게 측정하는 방법은 없을까? _ 저울
111. 어떻게 하면 길이를 쉽게 측정할 수 있을까? _ 자
112. 볼록렌즈와 오목렌즈를 떨어뜨리면? _ 망원경
113. 기능용 vs 장식용, 시대에 따라 달라진 선택 _ 단추
114. 화상을 있는 그대로, 빠르게 전송할 수 있는 방법은? _ 팩시밀리
115. 인간의 고통을 잠들게 한 의학혁명 _ 마취제
116. 인류를 전염병에서 구해낼 순 없을까? _ 백신
117. 죽음의 문턱에서 기적적으로 살아날 수 있었던 비결 _ 비타민
118. 병원은 언제부터 있었을까? _ 병원
119. 유럽의 밤거리를 오렌지빛으로 장식한 주인공 _ 가스등

듀보스의 **항생제**
– 항생물질 연구의 선구적인 업적 –

알렉산더 플레밍(Alexander Fleming)은 플로리(Howard Walter Florey), 체인(Ernst Boris Chain)과 함께 페니실린을 발견한 업적으로 1945년 노벨 의학·생리학상을 탔으며, 그에 대한 이야기는 잘 알려져 있다. 그러나 항생제 발명에 선구자 역할을 한 르

▲ 르네 듀보스

네 듀보스(René Dubos, 1901~1982)에 대해서는 잘 알려져 있지 않다.

듀보스는 1919년 파리 샤탈 대학을 졸업한 후 1927년에 럿거스 대학원에서 세균학 박사 학위를 받았다.

이후 듀보스는 록펠러 의학연구소(록펠러 대학의 전신)로 자리를 옮겼으며, 3년 후 늪에서 나온 토양 샘플에서 미생물을 발견했고, 거기에서 코팅을 용해하는 효소를 추출해 냈다. 이 효소는 항생물질은 아니었다. 그 이유는 이 효소가 실제로 세균을 죽이는 것이 아니라 다당류 코팅을 제거함으로써 피해숙주의 방어 능력이 나머지 일을 치르게 하기 때문이었다. 그러나 이것은 폐렴에 감염된 생쥐를 치유할 정도로 효과가 있었다.

스퀴브 의학연구소 명예소장인 조지 매칸네스는 듀보스의 업적에 대해 이렇게 말했다.

"그는 항생제의 원료를 자연에서 차지하기 위한 바탕을 마련했으며, 찾을 수 있는 방법을 제시하여 주었다."

그 뒤 듀보스는 세균을 완전히 소화하는 미생물을 찾으려고 노력하면서 1930년대 말까지 토양 조작 방법을 계속 연구해 나갔다.

1939년 2월 마침내 듀보스는 세균 공격 미생물인 '바실러스 브레비스(Bacillus brevis)'의 관리에 의한 최초의 보고서를 발표했다. 이 보고서에서 그는 바실러스 브레비스가 폴리펩티드 티로시딘(Tyrocidine)과 그라미시딘(Gramicidine)으로 되어 있다는 것을 밝혀냈다. 특히 그라미시딘은 동물 감염에 방어 효과를 발휘하는 것으로 나타났다. 그는 토양 미생물 사이의 서로 대립적인 원리를 조직적으로 연구하여 항균 원리를 처음 밝혀낸 것이다.

듀보스가 발견한 최초의 항생제 '그라미시딘'은 독성이 너무 강해서 사람에게 사용할 수는 없었으나, 폐렴구균·포도구균·연쇄구균과 같은 양성 병원균으로부터 동물을 보호하는 데는 성공적으로 이용되었다. 1939년 만국 박람회에 출품된 보덴 소떼들이 유선염에 걸렸을 때 설퍼약으로는 효과를 보지 못했으나 그라미시딘은 뛰어난 효과를 보여 주었다.

그는 항생물질 연구에서 선구적인 업적으로 1942년 하버드대학에서 명예 이학박사 학위를 받은 것을 비롯해 11개 대학에서 이학 및 의학박사 학위를 받았다.

한편 항균 메커니즘에 관해 순수한 학문적인 연구에 착수했던 플로리와 체인은 듀보스의 연구결과를 통해 페니실린과 같은 미생물 연구에서 조직적인 기법이 얼마나 중요한가를 깨닫게 되었다. 또한 미생물이 지닌 화학요법의 잠재력도 알게 되어, 페니실린 치료제 개발에 성공하게 된 것이다.

플레밍의 **페니실린**

– 인류를 구원한 최초의 항생제 발견 –

알렉산더 플레밍(Alexander Fleming, 1881~1955)은 1881년 스코틀랜드 농가에서 태어났다. 그는 공예대학 졸업 후 의학에 뜻이 있어 다시 세인트메리의 의과대학에 진학했다. 당시 그 의과대학에는 장티푸스 예방주사의 발명가인 라이트라는 학자가 있었다. 플레밍은 라이트 박사의 조수로 일했다.

▲ 알렉산더 플레밍

1928년 런던의 한 연구실에서 당시의 어린이들에게 흔하던 부스럼의 원인인 포도 모양의 병균을 연구하던 플레밍은 실험용 접시 위에 이상한 현상이 나타난 것을 발견했다. 젤라틴이 깔린 7~8개의 유리 접시 가운데 유독 한 개의 젤라틴 위에 푸른곰팡이(Penicillium notatum)가 생긴 것이다. 플레밍은 실험이 잘못되었다고 판단하고 곰팡이가 핀 접시를 들어내다 더욱 이상한 현상을 발견했다. 접시 위에 잔뜩 퍼져 있던 세균이 온데간데없이 사라진 것이다.

'도대체 무엇이 이 세균을 사라지게 했을까? 세균이 이처럼 깨끗하게 사라진 걸 보면 분명 강력한 살균력을 가진 뭔가 작용했을 텐데.'

플레밍은 접시 위에 생긴 푸른곰팡이를 조사해 보기로 했다. 플레밍은 곧 자신의 실수가 그런 현상을 빚어낸 것임을 깨달았다. 전날 그는 접시에서 배양된 세균을 현미경으로 관찰한 뒤 그만 깜빡 잊고 접시 한 개의 뚜껑을 열어 놓은 채 연구실에서 나왔었다. 그런데 우연하게도 그 잠깐 사이에 곰팡이의 포자가 날아와 붙었던 것이다.

'그래, 어쩌면 이 발견이 온 인류에게 큰 희망을 줄지도 모른다.'

플레밍은 우선 푸른곰팡이를 많이 배양하기 위해 유리 접시 위에 천을 깔고 곰팡이의 포자를 키웠다. 플레밍의 예상대로 장티푸스와 대장균을 제외한 나머지 병균들은 모두 곰팡이에 죽어 버렸다.

플레밍은 연구 결과에 확신을 얻어 〈곰팡이의 배양물이 세포에 작용하는 성질, 특히 그 인플루엔자 균 분리의 이용에 대하여〉라는 제목으로 논문을 발표했다. 그러나 그의 논문은 진짜 가치를 인정받지 못했다. 그 후로도 계속해서 페니실린 연구를 한 플레밍을 두고 사람들은 푸른곰팡이에 미쳤다고까지 말했다.

그러다가 1939년에 플로리(Howard Walter Florey), 체인(Ernst Boris Chain) 두 교수가 페니실린 연구에 착수했으며 1941년에 사람을 대상으로 한 임상실험에 성공했다. 마침내 1942년 8월, 페니실린의 대량생산이 이루어졌으며, 1944년부터는 일반 사람들에게 사용돼 수많은 전염병 환자의 목숨을 구할 수 있었다.

이러한 공로로 플레밍 경은 페니실린을 대량생산하는 방법을 고안한 플로리, 체인과 함께 1945년에 노벨 생리의학상을 수상하였다.

 이건 뭐?

페니실린(Penicillin)

푸른곰팡이(Penicillium notatum) 배양액 속에 속하는 곰팡이에서 얻은 화학물질. 박테리아로 발생한 병을 치료하는 항생물질로 치료약으로서 사용된 최초의 항생물질이다. 페니실린은 박테리아의 세포벽을 약하게 하여 박테리아의 생장을 억제한다. 페니실린은 매독, 뇌막염, 폐렴과 같은 그램양성세균성 질병을 치료하는 데에는 효과가 있다. 페니실린은 다른 항생제에 비하여 부작용이 적은 편이지만 일부 사람에게 알레르기로 인한 쇼크 반응을 일으킨다.

제너의 **종두법**

– 천연두 공포로부터의 해방 –

200여 년 전, 영국의 베커레이라는 마을에서의 일이다.

"제너 선생님, 저희 아이의 몸이 불덩이 같아요."

잠시 후, 아이를 진찰한 의사 에드워드 제너(Edward Jenner, 1749~1823)는 어두운 표정으로 아이의 부모에게 말했다.

▲ 에드워드 제너

"아이를 따로 격리시켜야겠어요. 잘못하면 당신들도 위험하고, 온 마을에 이 병이 퍼질지도 모릅니다."

"그럼, 혹시?"

"그렇습니다. 유감스럽게도……."

제너는 안타까운 표정을 지으며 고개를 숙였다.

병원을 개업하자마자 병을 잘 고친다는 소문이 널리 퍼져서 유명한 의사가 된 제너조차 손도 대지 못하는 이 무서운 병은 무엇일까?

바로 천연두! 마마라고도 하고, 두창이라고도 하는 이 무서운 전염병은 한번 걸렸다 하면 대부분 죽음에 이르는 난치병으로, 다행히 살아남는다고 하더라도 얼굴에 심한 흉터가 남게 되는 고약한 병이었다.

'어서 빨리 이 천연두의 예방법을 찾아야겠어.'

당시 떠도는 소문으로는 소도 사람처럼 천연두에 걸린다는 것이었다. 그런데 소의 천연두가 사람에게 전염되면 약간 붉은 상처가 생길뿐 곧 낫고, 그 사람은 다시는 천연두에 걸리지 않는다는 것이었다. 즉, 소에게도 사람의 천연두와 비슷한 우두가 있었는데, 이것이 사람에게 전염되면 손이나 목에 약간의 발진이 생길뿐 죽는 일은 없었던 것이다.

그는 여러 사람을 상대로 조사하고, 우두 예방법을 알아내기 위해 몇 년이고 노력했다. 그리고 이것을 실험으로 입증하려고 했으나 여기에 응하겠다는 사람은 좀체 나타나지 않았다.

그러던 어느 날, 존 필립이라는 62세의 노인이 찾아왔다.

"제가 실험에 응하겠습니다. 나는 9세 때 우두에 걸렸었지요."

제너는 기쁨을 감추지 못하며 천연두의 병균을 노인에게 주사했다. 그 결과 주사 부분에 약간의 발진이 있었으나, 5일쯤 지난 후 곧 완쾌되었다. 한 번 우두에 걸리고 나면 50년이 지나도 천연두에 걸리지 않는다는 사실이 증명된 것이다.

제너는 이 성공에 만족하지 않고 예방법을 알아내기 위해 8세의 어린이에게 우두를 접종했다. 그 결과 소년은 약간의 열이 났고, 팔에 상처가 몇 개 생겼으나 얼마 후 나았다. 그리고 그 소년에게 천연두 균을 주사했으나 천연두의 증상은 나타나지 않았다. 같은 실험을 여러 사람에게 되풀이했으나 결과는 같았다.

1798년 드디어 제너는 종두법을 발표했다. 인간이 무서운 전염병에 도전하여 승리를 얻어낸 최초의 쾌거였다.

 이건 뭐?

천연두(天然痘, Smallpox)
천연두 바이러스에 의해 일어나는 악성 전염병. 두창 또는 포창이라고도 하며, 속칭 마마·손님이라고도 한다. 전염력이 매우 강하며, 가장 두드러지는 증세는 고열과 전신에 나타나는 특유한 발진이다. 우리나라는 19세기 말 수신사 김홍집을 수행하여 일본에 간 지석영이 종두를 도입하였다.
우리나라는 1960년 3명의 천연두 환자가 발생한 이후로 천연두가 사라졌으며, 93년엔 천연두가 완전히 사라졌다고 발표하였다. 이후 우리나라는 2001년 11월 6일 천연두를 법정전염병으로 지정하였다.

파스퇴르의 **광견병 백신**

- 광견병으로부터 인류를 구원 -

루이 파스퇴르(Louis Pasteur, 1822~1895)는 프랑스의 생화학자이며 세균학의 아버지로 불린다.

그는 대학을 졸업한 후 1854년에 화학교수가 되어 발효나 미생물에 관한 연구를 하기 시작하였다. 세균에 관한 연구를 시작하면서 파스퇴르는 발효 현상

▲ 루이 파스퇴르

을 과학적으로 밝혔고, 저온살균법과 닭 콜레라 백신을 발명했다. 파스퇴르는 또한 1881년 5월 5일 프랑스 푸이 르포르 목장에서 양 스물네 마리, 염소 한 마리, 소 여섯 마리에게 탄저병 백신을 주사하여 그 유효성을 입증했다.

그러나 파스퇴르를 대중적으로 널리 알린 것은 바로 광견병 백신의 발명에 성공한 것이다. 파스퇴르는 어릴적 친구 니콜이 미친 개에게 물린 상처 부위를 달군 쇠로 지지던 충격적인 기억이 생생하게 남아, 광견병을 예방하는 방법을 연구하게 되었다.

1884년 파스퇴르는 샹베를랑과 W. 루의 도움을 받아 광견병에 걸린 토끼의 척수를 건조시켜 만든 부유액을 개에게 주사한 결과 그 개가 광견병에 걸리지 않자, 이 백신이 사람에게도 효과가 있을 것으로 판단했다. 하지만 미친개에게 물려 죽어가는 사람은 많

아도 사람에게 실험을 한다는 것은 정말 어려운 일이었다.

그러던 1885년 7월 6일, 미친개에게 물린 조제프 메스테르라는 아홉 살 소년이 그의 어머니와 함께 실험실을 찾아왔다. 소년은 미친개로부터 팔과 양 다리를 심하게 물린 상태였으며, 당시 의학 기술로는 어쩔 도리가 없었다.

"선생님, 제 아들을 살려 주세요, 대장간에 데리고 가 봤지만 그 처참한 모습을 눈뜨고 볼 수가 없고, 이름 있는 의사를 다 찾아봤지만 치료할 수 없대요."

개에게 물린 소년이 처한 상황은 매우 위험스러웠으나 파스퇴르는 주저하지 않을 수 없었다.

'이 약을 주사해도 괜찮을까?'

잠시 망설이던 파스퇴르는 마침내 소년에게 광견병 백신을 주사했다. 메스테르는 주사 후 며칠이 지났지만 광견병의 증세는 전혀 나타나지 않았다.

"메스테르, 이젠 퇴원해도 되겠어."

파스퇴르는 기쁨에 가득찬 얼굴로 소년의 볼을 잡았다.

▲ 파스퇴르(가운데 앉은 사람)와 그의 간호원들, 그리고 그가 접종하여 광견병에서 구제된 어린이들

이건 뭐?

광견병(Rabies)
광견병 바이러스를 가지고 있는 동물에게 사람이 물려서 생기는 질병. 리사 바이러스(Lyssavirus)속에 속하는 광견병 바이러스가 광견병의 원인 바이러스이며, 급성 뇌척수염의 형태로 나타난다. 공수병(恐水病, Hydrophobia)이라고도 한다. 광견병은 개에게서 발생되는 경우가 많다. 사람이 광견병을 가진 개에게 물려 발병하면 중추신경을 침해당하여 반드시 사망하는 무서운 병이다.

허쇼위츠의 **내시경**

– 머리카락에서 힌트를 얻은 위대한 발명 –

수술을 하지 않고도 인체의 내부를 속속들이 들여다볼 수 있는 작은 카메라! 이름하여 내시경(endoscope)인데, 이것은 현대 의학의 수준을 한 단계 높인 위대한 발명품이다.

'세상에 이런 것이 있다니. 이걸 입속으로 집어 넣어 뱃속을 들여다본단 말이지? 정말 놀라운 일이야.'

▲ 바실 허쇼위츠

미국인 바실 허쇼위츠(Basil Hirschowiz, 1925~)는 독일의 쿠스마울(A. Kussmaul)이 1869년에 만든 금속제 막대기 모양의 내시경을 보며 눈을 빛냈다. 그러나 실제로 이 금속제 내시경은 잘 쓰여지고 있지 않았다. 그 꼬챙이를 뱃속에 집어넣으면 환자들이 무척 고통스러워했기 때문이다.(최초의 내시경은 오스트리아의 필리프 보치니가 발명한 '리히트라이터'로 1805년에 공개됨)

'사람의 배를 가르지 않고도 위장 안을 들여다볼 수 있다니, 몇 가지 결점만 보완한다면 정말 멋진 의료기구가 되겠는걸!'

그의 목표와 신념은 확고했기에, 조만간에 좋은 결과가 나올 것만 같았다. 그러나 연구의 진전은 지지부진했고, 그는 많은 것을 잃어야 했다.

'정녕 내 목적을 이룰 방법은 없단 말인가?'

그는 창을 등지고 앉아 두 팔에 얼굴을 묻었다. 오랫동안 손보지 않아 제멋대로 자란 머리카락들이 그의 손안으로 엉켜들었다. 아주 가늘고 부드러운 머리카락이었다. 그는 무심코 몇 가닥의 머리카락을 모아 힘주어 보았다.

'응? 끊어지지 않잖아?'

그는 다시 한번 강하게 머리카락을 잡아당겼다. 그제야 머리카락은 굴복하고 끊어졌다. 매우 당연한 결과였는데도 불구하고, 그의 마음은 미칠 듯이 흥분되기 시작했다.

'바로 이거야! 이제야 문제가 해결됐어!'

그는 소리를 지르며 뛸듯이 기뻐했다.

'화상을 전할 수 있는 유리섬유를 사용하는 거야. 가느다란 수만 개의 유리섬유를 한데 묶는다면 유연하고도 강한 수신관이 탄생하잖아.'

허쇼위츠는 이 실마리를 잡은 뒤로는 활발하게 연구를 진행할 수 있었다. 그리하여 1958년에 '파이버스코프(Fiberscope)'라 불리는 내시경을 완성하였다. 이것이 지금 널리 쓰이는 내시경의 형태이다. 그것은 직경 10~20미크론의 유리섬유 10만 개 이상이 한데 묶인 것으로, 이 섬유의 끝에 연결된 카메라를 통해 인체 내부의 상태를 화상으로 전달할 수 있게 되어 있다.

이 밖에도 위의 관찰을 손쉽게 하기 위해, 내장 벽을 확장시키는 송기공, 기구의 끝을 씻어 내리는 송구공 등이 부착되어 있었다. 이것은 위 등의 소화기관뿐 아니라 식도, 소장, 기관지, 방광까지 관찰할 수 있도록 개발되어 있고 그 크기도 2m에 달하는 것까지 세분화되어 있었다.

이 파이버스코프의 발명으로 현대의학은 사후치료의 단계에서 조기발견, 예방의학의 단계로 발전하게 되었고, 좀 더 정확한 진단이 가능하게 되었다.

벨의 **전화기**

– 끊임없는 연구와 사업가적 기질이 이룬 발명 –

미국의 과학자·발명가 알렉산더 그레이엄 벨(Alexander Graham Bell, 1847~1922)이 발명한 전화는 오늘날 가장 대중화된 통신장치의 하나이다. 벨이 발명해서 실용화까지 이룬 초기의 전화기는 약 130년의 역사를 거치는 동안 빠른 속도로 발전을 거듭하면서 지금과 같은 첨단의 통신수단이 되었다.

▲ 알렉산더 그레이엄 벨

사실, 벨이 전화기를 발명하기 전에 독일의 요한 필립 라이스(Johann Philipp Reis, 1834~1874)가 먼저 전화기 발명에 성공했었다. 그는 소리를 전류로 바꾸는 장치와 반대로 전류의 변화를 소리로 바꾸는 장치를 만들었다. 즉, 바이올린 위의 바늘에 전선을 감아 만든 전자석을 붙이고 전류가 들어오면 그 세기에 따라 전자석이 진동하여 바늘이 바이올린에 소리를 전달하도록 한 것이다. 그는 동네의 아이들을 한방에 모아 놓고 자신은 옆방에서 송화기에 대고 바이올린을 켜는 실험을 했다. 그랬더니 아이들이 모인 방의 수화기의 바이올린에서도 놀랍게도 음악소리가 흘러나온 것이다.

▲ 알렉산더 그레이엄 벨의 전화기(1876)

　그의 실험은 이렇듯 성공을 거두었으나 발명품으로 인정을 받지는 못했다. 과학자들의 모임이나 여러 학회를 돌아다니며 라이스는 자신의 발명품에 대한 설명과 실험을 했으나 허사였다. 결국 그의 전화기는 라이스의 죽음과 함께 사장되고 말았다.

　그로부터 2년이 지났을 무렵 일라이셔 그레이(Elisha Gray, 1835~1901)와 알렉산더 그레이엄 벨이라는 두 명의 전화기 발명가가 나타났다.

　1847년 영국 스코틀랜드의 에든버러에서 태어난 벨은 음성학자인 조부와 부친으로부터 많은 영향을 받으며 성장했다. 1871년 미국으로 이주한 후, 벨은 보스턴대학에서 음성생리학을 가르쳤고 동시에 전기통신에 흥미를 가져 전화기 실험을 시작했다.

　벨은 여러 면에서 매우 행운아였다. 농아학교를 경영하면서 알게 된 두 명의 학부모로부터 실험실과 연구비를 지원 받았고, 연구의 어려움으로 자신을 잃고 포기하려고 할 때마다 미국 제일의 전기학자인 헨리가 그를 격려하며 친절히 도와주었다. 벨은 전기기구 숙련공 윗슨과 함께 실망과 희망을 되풀이하며 기계의 조립과 분해를 거듭했다.

　그러던 어느 날이었다. 우연히 벨은 눈앞의 진동판이 소리를 내며 진동하는 것을 보았다. 깜짝 놀란 벨은 진동판이 연결된 옆방의 윗슨에게 뛰어갔다.

　"자네, 지금 뭘 했지?"

　　"왜 그러시죠?"

　　　"수화기가 갑자기 소리를 내며 진동했네."

　　　"저는 단지 진동판이 전자석에 붙어 안 떨어져서 손가락으로 진동판을 두들겼을 뿐입니다."

벨은 이 일로 인해 전동판과 전자석의 연결에 따라 소리를 전류로 바꾸어 전할 수 있다는 생각을 하게 되었다. 벨과 윗슨은 몇 번이고 개량을 거듭하여 마침내 전화기를 만드는 데 성공했다. 벨은 곧 워싱턴의 특허청에 전화기의 특허를 출원했다. 1876년 2월 15일 오후 1시의 일이었다.

그런데 우연하게도 또 다른 전화기의 발명가 일라이셔 그레이 역시 벨이 특허를 등록한 그날 자신이 발명한 전화기 특허를 출원하러 특허청에 왔었다. 하지만 벨의 특허출원이 그레이보다 한 시간쯤 빨랐다는 특허청 접수계의 증언에 따라 3일 후 벨에게 특허가 돌아갔다. 그

▲ 일라이셔 그레이

레이는 가난한 농민의 아들로 태어나 고학으로 전기를 공부하여 어렵게 전화기를 발명했지만 어쩔 도리가 없었다.

그 후의 사업적인 면에서도 벨은 그레이보다 앞서 있었다. 그해 6월 필라델피아에서 열린 미국의 독립 100주년 기념 박람회에 벨은 전화기를 출품했다. 이곳에서 우연히 브라질 대통령의 눈에 띈 벨의 전화기는 순식간에 대회장의 이목을 집중시켰다. 그리하여 사람들의 관심 밖에 있던 전화기는 삽시간에 인기를 끌게 되었다.

이후 벨은 협력자들과 함께 벨 전화회사를 만들었으나 곧 문제가 생기고 말았다. 일라이셔 그레이가 자신의 발명품을 대기업인 웨스턴유니언에 팔고, 거기에 에디슨의 발명까지 합하여 벨과의 경쟁에 나섰던 것이다. 1879년 두 회사는 협약을 맺고 유니온 회사가 전화사업에서 손을 떼는 대신 벨 전화회사는 전신사업에 손을 뻗치지 않기로 했다.

벨은 이후 수백 건의 특허 소송에 휘말렸지만, 소송 와중에도 1888년 땅속에 전화선을 설치한 데 이어 1889년에는 최초의 동전

전화기도 설치하는 등 발 빠르게 앞서 갔다. 1914년 6월 14일 뉴욕
~샌프란시스코 간을 잇는 전봇대 설치가 완료됨으로써 다음 해인
1915년 1월 25일 최초의 대륙횡단 통화가 성공적으로 이뤄졌다.

벨은 음성이 재생되는 전화기의 발명으로 볼타상을 받았으며,
그 기금으로 농아교육에 헌신했다. 이 밖에도 그는 광선전화의 연
구, 축음기의 개량, 비행기의 연구 등 많은 업적을 쌓았다.

 이건 뭐?

전화기 발명자 논란

전화기 최초 발명자는 이탈리아계 미국인 발명가 안토니오 무치(Antonio Meucci,
1808~1889)라는 의견이 나와 한때 논란이 되었다. 자석식 전화기를 발명한 무치
는 특허 등록을 위해 웨스턴유니언전신회사와 의논하는 사이 설계도와 전화기 모
델을 잃어 버렸다고 한다. 이후 벨이 무치가 발명한 것과 유사한 전화기를 특허 취
득한 사실이 알려져 무치는 소송을 제기했으나 패소했다.

하지만 2002년 6월 미국 의회는 "안토니오 무치의 삶과 성취, 그리고 전화기 발명
에서의 그의 업적을 기린다."는 내용의 결의안을 통과시켰다. 특히 이 결의안 가운
데는 무치가 특허권 신청비용 10달러만 조달할 수 있었어도 벨보다 먼저 특허권을
얻었을 것이라고 언급되어 있다. 하지만 특허권 시비 등 여러 가지 논란에도 불구
하고 벨은 전화기 발명에 이어 끊임없는 개선과 사업적 성과에서 인류 문명의 진
보를 가져왔다.

마르코니의 **무선전신**

– 전선 없이 전파만으로 신호를 보낼 수 있을까? –

텔레비전을 '바보상자'라고도 하고, 생각을 마비시키는 기계라고도 하지만, 무료한 시간을 달래 주고, 보다 빠른 정보와 교양, 오락, 음악 등을 제공하며 우리 생활 속에 깊숙이 파고들어, 밀접한 관계를 유지하고 있다.

▲ 굴리엘모 마르코니

이런 TV시대를 가져오게 된 동기는 12세 소년의 호기심 때문이었다.

"선생님, 이게 어찌된 일이에요?"

1886년, 이탈리아의 12세 소년 굴리엘모 마르코니(Guglielmo Marconi, 1874~1937)는 당시에 유명한 과학자이자 볼로냐 대학의 교수인 리기(Augusto Righi)의 실험실에서 학습하다 말고, 눈이 휘둥그레졌다. 리기 교수는 쇠고리를 손에 들고 있었는데, 쇠고리의 양쪽에는 금속으로 만든 구가 붙어 있고, 그 사이가 떨어져 있었는데도 두 금속구 사이에서 푸른 전지의 불꽃이 튀고 있었던 것이다.

"선생님, 책상 위의 구 사이에서 불꽃이 튀면 선생님이 잡고 있는 쇠고리의 구 사이에서도 불꽃이 튀어요."

마르코니는 교수가 요술이라도 부리는 것 같아 신기하다는 표정으로 말했다.

"마르코니, 신기하니? 이리 와, 내가 이유를 설명해 줄게."

리기 교수는 먼저 자리에 앉으면서 소년에게 천천히 설명을 시작했다.

"전기의 불꽃이 튈 때는 그 고리의 주위에서 전파라는 것이 나온단다. 이런 전파가 있다는 것은 영국의 맥스웰(James Clerk Maxwell, 1831~1879)이라는 학자가 발견했지. 지금 내가 해본 실험도 독일의 헤르츠(Heinrich Hertz, 1857~1894)라는 물리학자가 했던 거야."

마르코니는 곧장 헤르츠의 논문을 찾아보았으며, 다음 구절에 마음을 사로잡혔다.

"우리가 사는 공간 어디에나 색도 냄새도 무게도 없는 에테르라는 것이 있어서 그것이 전파를 전달해 주는 역할을 한다."

만일 그것이 사실이라면 구태여 긴 전선을 사용하지 않더라도 먼 거리에서 서로 통신할 수 있을 것이다.

'전선이 없이 전파만으로 신호를 보낼 수 있다면 얼마나 편리할까?'

마르코니는 1894년부터 무선전신에 대한 본격적인 연구를 시작했다.

"리기 교수님이 실험한 헤르츠의 실험에서 전파가 나간 거리는 1미터 정도였어. 그 전파가 더 멀리 보내질 수 있는 방법을 연구한다면 가능해."

마르코니는 불꽃이 튀는 금속구에 철사를 붙여서 한 개는 공중에, 다른 한 개는 지면에 박았을 때 전파가 더 멀리 갈 수 있을 것이라고 생각했다.

몇 번의 실험과 연구 끝에 마르코니는 공중에 내놓은 철사를 높이 할수록,

▲ 라디오 송신기(1896)

안테나를 크게 하면 할수록 전파가 더 멀리 나간다는 사실을 발견했다.

1895년 9월 그는 마을 청년을 조수로 하여 2.4km 떨어진 언덕 위에 수신기를 옮겨 놓고 구체적인 실험을 해 보았다.

"얏호, 성공이야. 성공!"

마르코니는 이 놀라운 발명에 대한 특허를 이탈리아 정부에 신청했다. 그러나 정부의 직원들은 터무니없는 거짓말이라며 믿지 않았다.

1896년 마르코니는 어머니와 함께 어머니의 고국인 영국으로 갔다. 그는 영국의 소르스페리라는 벌판에서 최초의 공개 실험을 했는데, 3km나 떨어진 두 곳에 무선신호가 통하는 것을 확인했다.

"마르코니 씨, 특허는 물론이고 영국 정부는 당신의 연구를 적극 지원하겠소."

마르코니는 그 후 프리스틀 해안에서 13km나 떨어져 있는 작은 섬 사이에서 실험에 성공하였고, 이후 몇 차례 실험을 통하여 신호를 보낼 수 있는 거리가 19km까지 늘어났다.

1897년 8월에 마르코니는 이종사촌인 데이비스(Henry Jameson Davis)와 함께 세계 최초의 무선전신회사인 무선전신신호회사를 설립하였다. 그 회사는 등대와 등대 사이에 무선전신시설의 설치와 관리하는 업무를 시작으로 점차 사세를 확장하였다.

마르코니는 사업적 성공을 이룬 뒤 이탈리아의 정중한 초청을 받고 이탈리아에도 무선 전신국을 설립하였다.

그는 1898년에 프랑스 정부의 위촉으로 도버 해협에서 50km 거리의 송신에 성공함으로써 영국과 프랑스 사이의 무선전신 시대를 열었고, 1900년에는 영국 정부의 지원을 받아 해군의 군함에 무선전신시설을 설치하여 121km 거리에서도 통신할 수 있게 되었다.

마르코니는 이후에도 끊임없는 기술의 개선과 발명을 통해 무선전신을 한층 발전시켰다. 그리하여 1900년 12월 14일, 그는 무선전신의 대서양 횡단을 발표하게 되었다. 비로소 1초 동안에 2억m나 전달되는 전파를 통신에 이용하게 한 무선통신 시대가 열린 것이다.

1909년에 마르코니는 무선전신을 개발한 공로를 인정받아 노벨 물리학상을 수상하였다.

마르코니가 무선전신 실험에 성공한 이후, 1900년 미국의 R. A. 페슨턴이 고주파발전기식 무선전화를 발명하였다. 1906년 매사추세츠주 브랜트 록실험국에서는 이 무선전화를 이용하여 음악과 인사를 전파에 싣는 데 성공하였는데, 이것이 최초의 라디오방송이다. 1904년에는 영국의 플레밍(Sir John Ambrose Fleming, 1849~1945)이 2극 진공관을 발명하였고, 3년 후에는 미국의 L. 드포리스트가 3극 진공관을 발명하였다.

한편, 우리나라는 경성방송국에서 1927년 2월 16일에 첫 라디오방송을 개시하였다.

모스의 **전신기**
— 미국 화가, 유선통신시대를 열다 —

"What Hath God Wrought(신은 무엇을 만드셨는가)?"

이 말은 미국의 화가이자 발명가인 사뮈엘 모스(Samuel Finley Breese Morse, 1791~1872)가 자신이 발명한 모스부호를 이용해 최초로 보낸 전보의 내용이다.

▲ 사무엘 모스

미국 메사추세츠 주 찰스타운에서 태어난 모스는 예일대학을 졸업하였다. 그는 1832년 이탈리아 유학을 마치고 미국으로 돌아오던 중 선상(船上)에서 '전자기학'에 관한 내용을 우연히 알게 되어 흥미를 갖게 되었다. 당시 모스가 탄 배에는 미국의 전기학자 찰스 잭슨(Charles Jackson)이 타고 있었는데, 잭슨은 무료한 시간을 보낼 겸 해서 사람들을 모아 놓고 파리에서 얻은 전자석을 설명하고 있었다. 모스도 사람들 사이에 끼여 그의 설명을 듣게 되었는데, 이때 그는 자신이 전신기를 만들어 보기로 결심했다.

뉴욕 대학의 미술 교수로 일하는 틈틈이 전신기에 대한 연구를 하던 그는 대학 동료인 레오나드 게일로부터 전기에 관한 지식을 얻었다. 게일은 전자석을 이용해서 전신기를 창안했던 조지프 헨리(Joseph Henry)의 작업에 대해서 알고 있었기 때문에 모스의 연구에 큰 도움이 됐다. 헨리는 1831년에 건전지, 전도체, 전자석

등을 이용해서 멀리 떨어진 곳으로 자력을 전달시킬 수 있다는 것을 실험적으로 입증했었으나 실용화하지는 못했다.

모스는 특히 기계공 출신의 공장주였던 알프레드 베일(Alfred Vail)로부터 많은 도움을 얻었다. 실제로 모스의 발명품 가운데 상당수는 베일이 개량한 것들이다. 모스의 발명품인 전신기와 모스부호 등은 거의 베일에 의해 완성되었으나 최초의 창안자였던 모스의 업적으로만 남아 있다.

오랜 연구 끝에 마침내 모스는 독자적인 알파벳 기호와 자기장치를 1837년에 완성하였는데, 그 기호가 개량된 것이 모스부호이다. 이후 몇 번의 개선을 거쳐 새로운 송신용 부호를 완성하였다. 처음에는 국가자금과 유럽에서의 특허권 획득에 실패해 잠시 실의에 빠졌으나, 그의 끈질긴 노력으로 마침내 의회로부터 워싱턴~볼티모어 간의 시험선 가설비로 3만 달러의 예산을 지원받을 수 있었다. 이로써 그는 1844년 5월 24일 많은 사람들이 지켜보는 가운데 그 유명한 "What Hath God Wrought?"라는 말을 볼티모어의 베일 앞으로 송신하는 데 성공하였다.

역사상 최초의 전신이 성공한 데 이어 1856년에 H. 시블리가 웨스턴유니언 전신회사가 설립되면서 모스는 특허권을 통해 막대한 부를 얻을 수 있었다.

한편 그가 1837년에 만든 전신기는 워싱턴 D.C 소재의 미국 국립역사기술박물관에 보존되어 있다.

▲ 사무엘 모스의 전신기(1849)

왓슨 와트의 **레이더**

– 전쟁 중 비행기의 위치를 추적하기 위해 발명 –

1940년 8월 13일, 영국을 초토화시키고자 수백 대의 독일 융커스기가 영국 상공에 도착해 전격공습을 벌이려는 순간이었다. 이때 영국 공군의 스핏파이어 (Spitfire)는 독일기를 에워싸고 선제공격을 퍼부었다. 이에 따라 독일은 당초 계획했던 영국 상륙계획 '바다사자 작전'을 무기한 연기했다.

▲ 로버트 왓슨와트

영국은 당시 상황을 "최고로 불친절한 방식으로 바다를 건너온 방문객들을 돌려보냈다."고 표현했다.

1939년 5월 영국의 레이더 기지국 '체인 홈'의 철탑들은 독일군이 영국 해안을 정찰하는 동안 전신 라디오탑처럼 보이려고 작동을 멈추고 있었다. 독일 정찰기가 도버해협을 채 건너기도 전에 영국 레이더 기지국에서는 이미 적의 출현을 꿰뚫고 있었던 것이다.

이같이 독일과의 전쟁에서 혁혁한 공을 세운 체인 홈을 만든 주인공은 20년간 영국 기상연구소에서 일하던 하급 공무원 로버트 왓슨 와트(Robert Alexander Watson-Watt, 1892~1973)였다.

체인 홈은 그의 기상연구소 생활 20년째 되는 해 1월 런던에서 날아온 한 통의 전문으로부터 시작됐다.

항공부 고위층으로부터 "라디오파 발신기를 통해 살인광선을 쏘아 올려 비행기에 타격을 줄 수 있다는 데 가능한가?"라고 문의해 온 것이었다.

사실 왓슨 와트는 전파로 비행기를 떨어뜨릴 만한 기술은 없었다. 하지만 그는 번개에서 나오는 전파신호로 천둥의 위치를 찾아내고, 정확한 방향을 알기 위해 빙글빙글 도는 안테나를 사용하는 등 전파와 친숙했다. 왓슨 와트는 1923년에 이 신호를 나타내기 위해 '오실로스코프(Oscilloscope)'를 도입한 인물이었다.

그는 이 과제를 받아들고 고민한 끝에 동료 아놀드 윌킨스로부터 비행기 방향으로 라디오파를 쏘면 금속제 비행기에서는 전파를 반사시켜 되돌려 보낸다는 사실을 알게 됐다. 그리고는 연구 끝에 '원래 전파세기의 1000분의 1만이 6000km 밖의 비행기 금속전자에 가 닿는다고 하더라도 반사파 탐지에는 충분'하다는 결론에 도달했다.

1935년 2월 26일 마침내 영국 공군은 비밀리에 완성된 레이더의 실험에 착수했다. 이른 아침 데번트리의 BBC 방송탑 근처 풀밭에 모인 참관자들의 머리 위로 영국 폭격기 한 대가 날았다. 폭격기는 1만 2000km 밖에서부터 탐지되었다. 실험은 성공이었다.

2차 대전 중 왓슨 와트에 의해 발명된 레이더는 이후 군사용을 벗어나 더 많은 곳에 유용하게 쓰이고 있다.

가장 대표적인 활용 예가 선박용 항해 보조기구 또는 기상예측용이다. 레이더는 현재 거의 모든 선박에 설치되어 사용되고 있으며, 천둥과 토네이도, 겨울의 폭풍 등 단기 기상예측을 하는 데도 사용되고 있다. 또한 땅을 파고드는 레이더 전파의 성질을 이용해 지표면 지도제작에도 활용된다. 또 1946년 달의 관측이 이뤄졌고 달 표면 지도에 이어 금성, 화성, 수성, 토성의 지도가 그려졌으며 회전주기도 알아냈다. 레이더장비가 만들어진 과정에서 나온 기술은 인체 내부장기 촬영, 기상학자의 원거리 강수량 측정 등에도 활용되고 있다. 특히 초기 레이더용 기기로 개발됐던 마그네트론은 전자레인지의 발명으로 이어졌다.

랑주뱅의 **초음파탐지기**
– 잠수함의 위치를 파악하기 위해 발명 –

한 점의 빛도 없는 어두운 동굴 안에서 박쥐는 어떻게 활동할까? 해답은 간단하다. 바로 초음파를 이용하는 것이다. 박쥐는 스스로 초음파를 방사하여 어둠 속에서도 장애물과 먹이를 손쉽게 찾아낸다.

초음파를 인간 생활에 이용하려 한 시도는 제1차 세계대전이 막바지에 다다를 무렵부터 활발하게 진행되었다.

▲ 폴 랑주뱅

그리고 이 노력에서 최초로 성공을 거둔 사람은 프랑스의 폴 랑주뱅(Paul Langevin, 1872~1946)이었다.

그 무렵 프랑스는 독일과의 오랜 전쟁으로 엄청난 혼란 속에 있었다. 랑주뱅은 조국의 앞날이 이 전쟁과 크게 연관되어 있음을 잘 알고 있었기 때문에 전쟁에 관한 일에는 항상 촉각을 세우고 있었다.

1914년 독일의 잠수함이 영국 해군의 장갑 순양함 3척을 격침시켜 1200여 명의 사상자가 발생하자 잠수함의 위력과 함께 수면 밑을 탐지하는 일이 시급한 문제로 대두되었다.

'이대로는 안 되겠어. 그 신출귀몰한 잠수함을 격퇴시킬 방법을 찾아야 해.'

그는 두 주먹을 불끈 쥐었다. 그러나 그것은 마음먹은 것과 같이 쉬운 일이 아니었다. 마치 장님이 퍼즐을 조립하듯 전혀 감이 잡히지 않는 일이었다. 이렇게 며칠이 흘러갔다. 그동안에도 전쟁으로 인한 피해는 늘어만 갔다.

어느 날 그는 정원을 거닐며 생각에 잠겨 있었다. 몹시 초조했기 때문에 발끝에 닿는 돌들을 신경질적으로 차 내며 걷고 있었다. 바로 그때, 그의 발에 채인 작은 돌 하나가 물뿌리개에 맞아 날카로운 금속성 소리를 내었다. 그 소리에 놀라 번뜩 정신을 차렸다. 그와 동시에 머릿속에 문제의 해결책이 떠올랐다.

'바로 이거야. 내가 왜 이런 생각을 못했을까? 물체에 부딪혀 반사되어 오는 초음파! 그것은 물속에서도 충분히 사용할 수 있어. 적에게 발각될 염려도 없고 말야.'

1916년 랑주뱅은 물속에서 초음파를 발생시켜 그것을 3km의 범위에서 탐지하는 데 성공하였다. 이 기술은 독일과의 싸움에서 큰 위력을 발휘했으며, 얼마 후 전쟁은 끝났다. 그의 바람대로 프랑스에는 평화가 찾아왔다.

이후로 초음파에 대한 연구는 더욱 활발해졌다. 의료계에서는 초음파를 이용해서 병을 진단하고 치료하기에 이르렀다. 특히 수산업에서 초음파의 이용은 더욱 두드러졌다. 어업이 기업적으로 행해지고 있으며 규모가 놀라울 정도로 큰데, 이것은 모두 어군 탐지기의 덕분이다. 이렇듯 초음파를 이용한 많은 탐지기들이 속속 등장하고 있다.

 이건 뭐?

초음파란?

사람의 가청 영역은 주파수 20~20000 Hz까지다. 가청 영역 아래의 낮은 주파수대는 극저온파, 가청 영역 위의 매우 높은 파는 초음파라고 한다. 사람은 이 초음파를 들을 수 없지만 박쥐나 돌고래 같은 동물들은 듣고 만들어낼 수도 있는 것으로 알려져 있다. 초음파의 반사를 써서 물체를 탐지하는 방법 또는 기계를 소나(sonar ; 초음파 탐지기)라 부르고 있다. 소나는 또 바다의 깊이를 재는 데도 쓰이게 되었다.

버쉬넬의 **잠수정**
– 독립전쟁 중 군함에 맞서 발명한 최초의 잠수정 –

　잠수함의 시초는 지금으로부터 233년 전에 시작되었다. 미국 독립전쟁의 와중에 예일대학에 다니던 데이비드 버쉬넬(David Bushnell, 1742~1824)에 의해 만들어진 터틀이 바로 그것이다. 당시 영국은 대영제국이란 이름에 걸맞게 세계 도처에 식민지를 두고 있었다. 미국도 영국의 식민지 가운데 하나였다.

　1775년에 영국으로부터 완전한 독립을 원했던 미국은 대영제국에 맞서 치열한 전투를 벌였다. 산업혁명 이후 공업국가로 발돋움한 영국은 최신 무기와 무적의 함대를 이용해 미국 독립군을 전멸시키려고 했다.

　뉴욕 항구의 부두에 서 있던 버쉬넬의 눈은 붉게 충혈되어 있었다. 그곳에는 자유를 위하여 희생된 젊은 병사들의 주검이 즐비했는데, 그는 영국의 많은 군함들을 바라보며 울분을 삼켜야만 했다.

　'군함! 군함을 없애야 해.'

　그는 마음속으로 되뇌었다.

　그러나 해안을 점령한 영국군이 그곳에 포대를 구축하고 있었기 때문에 보통의 배로는 접근조차 할 수 없었다.

　'바닷속을 뚫고 들어가 적의 군함을 폭파시킬 수는 없을까? 바닷속으로 숨어 움직이는 배가 있다면 좋을 텐데……'

　물속을 다닐 수 있는 배에 관한 생각을 거듭하다 버쉬넬은 무심히 물위를 떠가는 술통을 보았다. 통 속에는 약간의 물이 들어 있어서 파도에 밀리며 물위로 뜨기도 하고 가라앉기도 하면서 떠다 녔다.

'바로 저런 나무통에 사람이 들어갈 수 있다면, 물속으로 가라앉 고 싶을 때는 통 속에 물을 넣고 반대로 물위에 뜨고 싶을 때는 물 을 빼면 될 거야.'

버쉬넬은 곧바로 연구를 시작했다. 몇 번의 시행착오 끝에 만들 어진 버쉬넬의 잠수함은 나무와 황동으로 만들어진 타원형 형태 로, 달걀을 세워 놓은 것 같았으 며, 크기는 술통만한 것이었다. 마치 장난감처럼 조그만 이 배는 안쪽과 위쪽에 스크루(추진기)를 달고 있었고, 그 속에서 한 사람 이 그것을 조종하도록 설계돼 있 었다. 또한 배의 뒤쪽에 달려 있 는 키를 움직여 방향을 조종하 고, 두 발로 배 밑바닥의 핸들을 돌려 물의 양을 조절함으로써 배 를 뜨게 하거나 가라앉게 했다.

▲ 버쉬넬의 잠수함(1776)

1775년에 완성된 버쉬넬의 1 인용 잠수함인 터틀호는 지금 보면 허술하기 이를 데 없지만, 1776년 9월 7일에 최초로 작전 을 수행함으로써 영국군의 사기 를 떨어뜨리는 데 한몫을 했다.

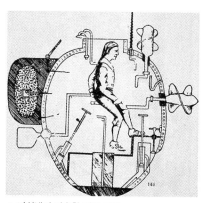

▲ 버쉬넬의 잠수함 내부 그림

오티스의 **엘리베이터**

― 엘리베이터의 속도를 빠르고 안전하게 ―

고층 건물에 둘러싸여 살아가는 현대인들에게 있어서 엘리베이터는 꼭 필요하고 고마운 존재이다. 그러나 엘리베이터가 처음 발명되었을 때 사람들의 반응은 어떠했을까?

"여러분, 이것은 절대 위험한 것이 아닙니다. 아주 안전하다니까요."

1853년 뉴욕에서 열린 만국박람회장의 수정궁에서 미국인 엘리샤 오티스(Elisha G. Otis, 1811~1861)는 모여 있는 여러 사람들에게 외쳤다. 발명을 좋아하고 상당한 재치로 늘 주위 사람들의 웃음을 자아내던 오티스는 박람회장에서 매일 그가 새로 고안한 엘리베이터를 팔고 있었다. 그는 자신이 발명한 엘리베이터에 안전장치가 달려 있음을 군중에게 소리쳐 상기시키고, 직접 그 엘리베이터의 승강대에 올랐다. 오티스를 태운 엘리베이터가 높이 끌어올려지자 오티스는 엘리베이터의 로프를 끊도록 명령했다. 잠시 뒤 놀라서 바라보고 있는 사람들을 내려다보며 오티스는 공중에 매달린 채 익살스

▲ 오티스가 뉴욕 박람회장에서 그가 발명한 엘리베이터를 직접 시연한 모습

런 얼굴로 모자를 벗어 흔들었다. 하지만 이것이 그가 만든 최초의 엘리베이터는 아니었다. 그는 1년 전쯤에도 엘리베이터의 한 기종을 고안했다.

물론 오티스가 엘리베이터의 최초 발명가는 아니었다. 원시적이랄 수 있는 '윈치(권양기)'는 로마시대와 중세시대에도 있었다. 17세기 프랑스인 벨레이는 '중추(카운터 웨이트)' 리프트를 발명했다. 또 1830년에는 수력 엘리베이터가 유럽의 몇몇 고장에 설치되기도 했다. 그리고 영국인 프로스트와 스트래트가 1835년에 '티클'이라는 말아 올리기 도르래 시스템을 완성했다. 이러한 초기의 엘리베이터는 대부분 수력으로 움직였으며, 케이지(사람 또는 싣는 바구니) 부분은 카운터 웨이트에 의해 균형이 잡혀지고, 실린더(기통)와 막대 피스톤에 의해 끌어올려진 구조를 가졌다. 이런 엘리베이터는 안전하기는 했지만 속도가 너무 느리다는 단점이 있었다.

한편 케이지를 로프에 매달아 엘리베이터의 속도를 빠르게 하는 방법도 연구되었다. 그러나 그렇게 하면 엘리베이터에 탄 사람들은 매우 위험했다. 바로 이런 문제점을 해결한 사람이 오티스였다. 그는 케이지 로프를 맨 엘리베이터에 안전장치를 부착한 것이다. 오티스가 발명한 안전장치의 원리는 용수철 장치 왜건(화물겸용 승용차)에 따라 도는 톱니바퀴와 브레이크 장치이며, 이것은 로프의 끌어당기는 힘이 없어졌을 때에만 작동하게 되어 있었다.

증기에 의한 오티스의 첫 안전장치가 달린 리프트는 1857년에 호워트 회사의 뉴욕 지점에 처음으로 설치되었다. 그리고 1904년 오티스 회사는 톱니바퀴가 없는 견인 엘리베이터를 개발했다. 이 엘리베이터는 빠르고 구조 또한 간단하며 값이 싼 특징을 지니고 있어 더 높이 사람들을 실어 나를 수 있었다.

갈릴레이의 **온도계**

- 헤론의 책에서 힌트를 얻어 발명 -

오늘날 병원이나 가정, 목욕탕 등에서 다양하게 쓰이는 온도계는 누가 어떻게 만들었을까?

이탈리아의 상업도시 베니스는 7월의 세 번째 월요일에 축제의 날을 맞이했다.

"자, 여러분! 여기 신기한 물이 있습니다. 살아 있는 물을 보십시오."

▲ 갈릴레오 갈릴레이

파두아 대학의 천문학 교수로 있던 갈릴레오 갈릴레이(Galileo Galilei, 1564~1642)는 법석대는 거리를 걷다가 이 말에 귀가 번쩍 띄어 걸음을 멈추었다. 소리가 나는 쪽을 따라가 보니 노인을 중심으로 많은 사람들이 모여 있었다.

"자, 이 두 개의 유리공은 한쪽에는 물을 넣은 것이고, 다른 한쪽에는 수은을 넣은 것입니다. 이 두 개의 유리공은 보시다시피 하나의 유리관으로 연결되어 있지요? 이제 제가 기합을 넣으면 물에 있는 혼의 힘으로 수은을 담은 공쪽으로 물이 움직여 갈 것입니다."

노인의 말대로 유리공 속의 물이 점점 올라가 유리관을 거슬러 수은을 담은 공쪽으로 움직였다.

"와아! 정말 신기하다."

구경꾼들은 물속에 영혼이 있다고도 하고, 요술을 부리는 물이라고도 하며 흥미진진한 마술에 감탄하고 있었다. 갈릴레이는 구경꾼들 틈에 서서 앞에서 벌어지는 일을 흥미 있게 지켜보았다.

'왜 물이 저렇게 거슬러 올라가지?'

갈릴레이는 과학자로서 탐구적인 태도로 의구심을 가지고 생각을 거듭했다.

"아, 그러면 그렇지!"

순간, 갈릴레이는 자기도 모르게 큰소리를 지르며 많은 사람들 틈바구니를 빠져나와 집으로 달려갔다. 그는 곧 책장에서 17세기 키산드리아 과학자 헤론이 쓴 낡은 책 한 권을 꺼내어 펼쳐 들었다.

"그래, 바로 이거야. 똑같군!"

갈릴레이는 노인이 하던 것과 똑같은 실험을 그림으로 설명한 부분을 찾아낸 것이다. 그 그림은 헤론이 쓴 책에 실려 있었으며, 공기 온도계에 대해 설명한 부분이었다.

"공기는 데우면 부피가 늘어나고, 식히면 줄어든다는 간단한 원리를 이용해 정말 기묘하게 고안했군."

며칠 후, 갈릴레이는 그의 제자들과 함께 헤론의 책 속에 그려져 있는 것과 비슷한 모양의 온도계를 만들었다.

갈릴레이 온도계는 투명한 액체가 든 유리관과 온도 변화를 측정할 수 있게 해 주는 내부의 물체들로 구성되었다. 내부의 물체들은 온도 변화에 따른 외부 액체와의 밀도 차이로 인해 뜨거나 가라앉게 되는데, 이러한 물체의 이동을 통해 온도를 측정할 수 있도록 고안되었다. 보통 이 물체로는 여러 색의 액체가 들어있는 유리구가 사용되었다.

갈릴레이가 1593년 발명한 온도계는 당시의 학자들에게 매우 유명했으나, 온도의 변화뿐 아니라 기압의 변화에 의해서도 움직였다. 그래서 정확하다고 할 수는 없는 것이었다.

▲ 갈릴레이 온도계

노벨의 **다이너마이트**
– 세심한 관찰에서 아이디어를 얻어 탄생 –

세심한 관찰은 때때로 대발명을 낳는 다. 오늘날 가장 명예롭고 권위 있는 상으 로 불리는 노벨상의 밑거름이 된 알프레 드 노벨(Alfred B. Nobel, 1833~1896) 의 다이너마이트(dynamite) 발명도 주 의 깊은 관찰로부터 비롯된 것이다. 노 벨은 평생 동안 355개의 특허를 획득하 였다고 한다.

▲ 알프레드 노벨

노벨의 아버지는 스웨덴에서 벌인 사업이 실패하자 러시아 로 이주해 그곳에서 군수품 납품 공장을 운영하였으나 1859년 파산하고 말았다. 노벨은 부모와 함께 스웨덴으로 돌아온 직후 폭 탄 제조 실험에 착수하였다. 당시 광산에서 사용하던 액체 폭탄인 니 트로글리세린(nitroglycerin)은 폭발성은 뛰어났지만, 휘발성이 강 해 안전에 문제가 있었다. 특히 조그만 충격에도 잘 폭발하였기 때 문에 수시로 폭발과 인명사고가 발생했다.

노벨은 1862년 니트로글리세린을 제조하기 위한 공장을 세우 고, 니트로글리세린의 약점인 이상폭발을 제어하는 방법을 찾기 위한 연구에 들어갔다. 그 결과 1863년 노벨은 금속용기에 니트 로글리세린을 채운 다음 목제 점화 플러그를 끼워 넣는 방식의 실 용적인 뇌관을 만드는 데 성공한다. 이 뇌관의 발명으로 노벨은 폭탄 제조자로서 부와 명성을 동시에 얻었다.

그러나 니트로글리세린의 운반과 취급은 여전히 해결되지 못한 채 숙제로 남았다. 1864년 노벨의 니트로글리세린 공장에서 일어난 폭발사고는 막내 동생 에밀을 포함해 여러 명의 인명을 앗아갔다.

실의에 빠진 나날을 보내던 어느 날, 노벨에게 행운의 여신이 찾아왔다. 그날도 니트로글리세린이 든 통을 기차에서 내리는 작업이 한창 진행되고 있었다. 그때 노벨의 시야에 니트로글리세린이 든 통의 뚫린 구멍 사이로 액이 새어 나와서 주위의 규조토에 스며드는 것이 우연히 목격되었다. 자세히 살펴보니 규조토는 이전의 숯가루나 톱밥 등의 실험 재료에 비해 니트로글리세린을 두 배 이상 빨아들이고 있었다.

'그래, 바로 이것이 내가 그토록 애타게 찾았던 재료구나!'

노벨은 기쁨의 탄성을 질렀다.

노벨은 니트로글리세린을 투과성이 높은 규산이 함유된 규조토에 스며들게 해 말리면 사용과 취급이 훨씬 용이하고 편리하다는 사실을 발견하고는 이 새 제품에 다이너마이트('힘'을 뜻하는 그리스어 디나미스에서 따온 말)라는 이름을 붙였다. 다이너마이트는 1867년 영국과 1868년 미국에서 각각 특허를 받았다. 다이너마이트는 출시되자마자 굴착공사, 수로발파, 철도 및 도로 건설 등에 사용되었으며 노벨은 부는 물론이고 세계적인 명성을 얻었다.

노벨은 1896년 협심증으로 사망하기까지 인도주의와 과학 정신을 표방하는 자선사업에 아낌없는 지원을 했다. 특히 재산의 대부분을 기금으로 남겨 세계적으로 가장 권위 있는 상으로 인정받고 있는 '노벨상'을 제정했다.

이건 뭐?

노벨상(Nobel prize)
다이너마이트 발명자인 알프레드 노벨의 유언에 따라 인류의 복지에 공헌한 사람에게 수여하는 상. 노벨이 기부한 3100만 크로나를 기금으로 노벨재단을 설립하고 그 이자로 상금을 충당한다. 1901년부터 노벨 사망일인 12월 10일에 매년 시상식이 개최된다. 수상 분야는 평화상·문학상·생리의학상·물리학상·화학상·경제학상 등 6개다.

스미턴의 **시멘트**

– 튼튼한 등대를 짓다가 우연하게 발명 –

에디스톤(Eddystone) 등대는 영국의 전통민요나 뱃노래에 등장하는 유명한 등대이다. 영국 남서 해안에 위치한 이 등대는 1699년에 목재를 사용해 처음 만들어졌으나 1703년 대폭풍으로 유실되었고, 참나무와 강철로 다시 세운 두 번째 등대는 1755년에 화재로 소실되었다.

▲ 존 스미턴

토목기사 J. 스미턴(John Smeaton, 1724~1792)은 에디스톤의 세 번째 등대 설계자로 임명되었다.

스미턴은 중요한 등대의 재건 임무를 맡고 고민에 빠졌다. 종전과 같은 목조로는 튼튼한 등대를 만들 수 없기 때문이었다. 그는 거센 물결과 바람에 견디고, 화재의 염려도 없게 하려면 어떤 재료로 어떻게 지어야 할지 연구했다.

스미턴은 이내 시멘트를 떠올렸다.

'아무래도 시멘트로 만드는 수밖에 없겠어. 그런데 잘 될까?'

스미턴은 시멘트를 사용해 보기로 결정했다. 그리고 고대 알렉산드리아 항 입구에 있었다고 하는 유명한 파로스 등대를 본떠서 등대를 설계했다. 스미턴은 초조하게 시멘트의 원료인 흰 석회석이 도착하기를 기다렸다. 마침내 기다리던 시멘트의 재료가 도착했다. 그런데 도착한 것은 흰 석회석이 아닌 검은색의 석회석이었다. 하지만 그대로 주저앉아 있을 수만은 없었다.

'그래, 검은 석회석이라고 해서 시멘트가 되지 말란 법도 없지. 한번 테스트를 해보자. 그리고 흰 석회석으로 만든 시멘트와 비교해 보고 센 쪽을 사용하도록 하자.'

스미턴은 두 종류의 석회석을 실험해 보았다. 그 결과 검은 석회석으로 만든 시멘트 쪽이 훨씬 더 단단히 굳어진다는 것을 알았다. 검은 석회석 속에는 점토가 들어 있었는데, 이 점토로 인해 석회석이 검은 빛깔을 띠고 또 단단히 굳어지는 것이었다. 그뿐 아니라 새로운 시멘트는 공기 속에서나 물속에서나 쉽게 굳어지는 '수경성(水硬性)'의 성질을 가지고 있었다.

스미턴은 이 새로운 시멘트를 사용해 등대를 짓기 시작했다. 3년 뒤인 1757년, 마침내 에디스톤 등대는 먼 길에서 돌아오는 배들을 위해 밝은 불빛을 비출 수 있게 되었다.

이후 로만 시멘트 등이 발명되었고, 1824년는 영국 중부에 있는 리즈 시의 벽돌직공 조지프 애스프딘(J. Aspdin, 1778~1855)에 의해 '인조석 제조법의 개량'의 특허가 나와 '포틀랜드 시멘트'가 판매되기 시작했다. 이 시멘트는 오늘날의 시멘트와 유사하며, 1828년 템스강 밑바닥 터널 공사에 사용되면서 널리 알려졌다.

이건 뭐?

시멘트와 콘크리트의 다른 점

시멘트(cement)는 콘크리트를 만드는 재료들을 엉기게 하기 위해 사용되는 결합재로서 모래 · 자갈과 함께 물로 개어 사용하는 경우가 많다. 이렇게 혼합된 것이 콘크리트이며, 일반적으로 시멘트1, 모래2, 자갈4의 비율로 섞는다. 콘크리트 혼합 공장에서 공사장까지 콘크리트를 운반하는 믹서 카(mixer car)는 회전드럼 속에서 물과 시멘트와 자갈을 혼합하면서 달린다. 콘크리트는 강도는 강하지만 꺾거나 잡아당기는 힘은 약하다. 이 결점을 보완하기 위해 철근이나 철골을 넣어 굳힌다.

모니에의 **철근 콘크리트 기법**

– 견고한 화분 만들기에서 비롯된 건축기법의 신화 –

발명은 좋은 소재를 찾는 것만으로도 절반은 성공이다. 오늘날 하늘을 찌를 듯한 고층건물을 세울 수 있었던 것은 '철근 콘크리트 기법' 덕분이다.

1865년 어느 날, 프랑스 파리 근교의 작은 화원에서 화초를 재배하던 조셉 모니에(Joseph Monier, 1823~1906)는 깨

▲ 조셉 모니에

진 화분 때문에 몹시 속이 상했다. 당시의 화분은 단순히 진흙으로 모형을 뜬 다음 불에 구워 만들었기 때문에 작은 충격에도 쉽게 깨지곤 했다.

'이거 깨진 화분 값도 벌 수 없잖아. 그러니 매년 적자일 수밖에. 그렇다고 화원을 그만둘 수도 없고. 견고한 화분을 구할 수 없으니 직접 만들 수밖에 달리 방법이 없겠구나.'

번번이 계란 깨지듯 툭하면 부서지는 화분 때문에 골탕을 먹던 모니에는 직접 견고한 화분을 만들기로 결심했다. 궁리를 거듭한 끝에 처음엔 시멘트와 모래를 섞은 후 물로 이겨서 굳힌 콘크리트 화분을 만들어 냈다. 콘크리트 화분은 흙 화분보다는 훨씬 견고했으나 그 정도로 만족할 수 없었다.

그 후 계속된 모니에의 연구는 100여 가지가 넘는 종류의 화분을 만들고 또 부수기를 2년여 동안이나 계속했다. 그러던 중 철사

그물로 화분모형을 만든 다음 시멘트를 입혀 보았다. 튼튼하기 이를 데 없었다.

'성공이야. 이 정도면 화분 문제는 해결된 거야.'

모니에가 만든 화분은 아주 심한 충격이 아니면 좀체 깨지지 않았다. 그는 즉시 특허출원(1867년)하고 화분을 생산해 내기 시작했다. 반응은 순식간에 나타났다. 이 화분을 사려는 상인들이 프랑스 전역에서 줄지어 몰려 들었고, 모니에의 화원은 하루아침에 유명해졌다. 그해 화분 판매만으로 벌어들인 돈은 자그마치 100만 프랑이나 되었다.

큰돈을 벌게 된 모니에는 화원을 멋지게 개조하기로 작정했다. 1단계 작업은 경사진 곳에 계단을 만들고 개울을 가로질러 다리를 세우는 것이었다. 화분을 만든 경험과 아이디어를 살려 이번에는 철사그물 대신 철근을 넣어 계단과 다리를 만들었다. 철근 콘크리트 방법을 이용한 세계 최초의 공사였다.

모니에의 철근 콘크리트 기법이 세상에 알려지자 가장 먼저 찾아온 사람은 독일의 건축기사인 구스타브 아돌프 와이스(Gustav Adolf Wayss)였다.

"모니에 씨, 이 특허를 저에게 파십시오. 돈은 얼마든지 드리겠습니다. 그리고 화분은 계속 만들어도 됩니다."

이 방법이야말로 장래 으뜸가는 건축용 재료와 공사법이 될 것이라고 확신한 와이스는 모니에에게 특허권을 팔라고 제의했다. 제시한 금액은 무려 200만 마르크나 되었다. 계약은 즉석에서 이루어졌고, 모니에는 프랑스 제일의 원예가로, 와이스는 독일 최고의 건축가로 성공했다.

캐로더스의 **나일론**

– 화학적으로도 섬유를 만들 수 있을까? –

▲ 왈라스 흄 캐로더스

하버드 대학의 화학과 교수로 재직 중인 월리스 캐로더스(Wallace Hume Carothers, 1896~1937)는 자신의 전공 분야인 화학에 깊은 지식을 갖고 있었다. 그는 같은 대학에 근무하는 제임스 비코넌트 박사의 추천으로 듀폰 사의 기초연구부장이라는 중요한 자리에 앉게 되었다. 듀폰 사는 미국에서는 물론 세계에서 가장 큰 화학공업회사의 하나였다. 그즈음 세계의 화학자들 사이에서는 고무를 고무나무에서 채취하지 않고, 화학적인 방법으로 합성하고자 하는 연구가 추진 중에 있었다.

세계 제일의 고무 원산지였던 말레이시아의 고무나무에서 얻은 원료로는 수요를 충족할 수 없을 뿐더러, 가격이 매우 비쌌기 때문에 인조고무의 필요성을 누구나 느끼고 있었던 터였다.

캐로더스는 이런 현실에 맞추어 인조고무 연구에 들어간 지 1년 만인 1931년에 공기를 통하지 않고 석탄을 가열하여 얻은 콜타르(coaltar)로 인조고무를 만드는 데 성공했다.

"이 인조고무는 천연의 것보다 품질이 더 우수하고, 대량생산이 가능하니 큰 수확입니다."

세계의 많은 학자들이 그의 고무에 놀라며 박수를 보냈다. 하지

만, 캐로더스는 이에 만족하지 않고 새로운 연구에 들어갔다.

'이번에는 식물이나 동물에서 옷감을 얻지 않고 화학적으로 만들어야겠어.'

당시 화학자들은 목재로부터 레이온이라 부르는 인조견사를 만들었는데, 레이온은 목재나 솜에 포함되어 있는 셀룰로스라는 섬유소로 만들어졌다. 그러나 인조견사는 식물에서 얻어지는 것이었으므로, 화학적으로 합성하여 품질이 더 좋고 값싸게 만들 필요를 느꼈던 것이다.

캐로더스와 듀폰의 연구팀은 1935년에 인조견사인 나일론을 만드는 데 성공하였다. 나일론(Nylon)은 폴리아미드계 합성 섬유에 붙여진 일반명으로, 가늘고 마찰에 강하며 인장강도가 다른 섬유에 비해 월등하다는 특징을 가지고 있었다.

이 섬유는 1938년 뉴욕박람회장에서 "공기와 석탄과 물에서 만들어내며, 강철보다 강하다."라고 소개되었으며, 이듬해부터 세계 최초의 본격적인 합성섬유로서 판매가 시작되었다.

나일론은 "거미줄보다 가늘고 강철처럼 강하다."는 광고와 함께 선풍적인 인기를 끌었다. 초기에는 여성용 스타킹에 많이 사용되었고, 여성용 블라우스 등 고급의류에까지 차츰 사용 범위가 넓혀져 갔다. 그러나 캐로더스는 나일론 제품이 세상을 나와 빛을 보기도 전인 1937년에 청산가리를 복용하고 자살하였다.

오늘날 우리가 아라비아 숫자라고 부르는 0을 포함해 1에서 9까지의 숫자는 언제, 어디에서 만들어졌을까?

분명하지는 않으나 본래는 2500년 전 인도에서 처음 만들어진 것으로 알려져 있다. 기원전 3세기에 세워졌던 아쇼카왕 시대의 비문에서 1·4·6의 기호를 볼 수 있고, 100년 후의 나나가크의 기념비에 2·4·6·7·9가 새겨져 있는 것을 볼 수 있다.

2세기 즉, 라지크 동굴 시대에는 8 이외의 모든 아라비아 숫자가 기록되고 있다. 0은 마야인 사이에서 쓰였던 것으로 힌두교인의 경우 점 또는 작은 동그라미로 나타내고 사용되기 시작했다.

이후 아라비아에 소개되었고, 12세기에 아라비아 사람들에 의해 유럽으로 전해지면서 아라비아 숫자라는 이름으로 불리기 시작했다. 알제리의 베자이아(Bejaia)에서 공부한 이탈리아의 수학자 피보나치는 1202년에 저서 《주판서》를 출판함으로써 유럽에서 아라비아 숫자를 대중화시켰다. 그 무렵 유럽에서는 I, II, III과 같은 로마 숫자를 사용하고 있었는데, 아라비아 숫자의 사용이 훨씬 편하자 점차 로마 숫자를 사용하지 않게 되었다.

한편 아라비아 숫자를 적은 유럽의 가장 오래된 문서는 스페인에서 발견된 976년의 것이다.

화약은 역사에 기록된 가장 오래된 폭발물이다. 인류 최초의 화약은 황, 초석, 목탄 등을 배합한 흑색 화약과 비슷했던 것으로 추정된다. 화약을 최초로 발명한 나라는 아랍이나 그리스라는 주장도 있으나 중국이라는 주장이 유력하다.

중국은 진종(眞宗, 998~1022) 때 화약을 발명하여 실전에 사용했고, 12세기 들어 상당히 실용화되었다.

유럽에서 14세기에 잉글랜드나 독일에 화약공장이 있었다는 역사 기록이 남아 있다. 14세기 초 독일의 베쏠드 슈바르츠(Bethold Schwarz)가 포를 발명하여, 돌을 발사하기 위해 흑색화약을 처음 사용하였다. 엘리자베스 1세 시대 화약 제조는 잉글랜드 왕실의 전매사업이었다. 19세기까지는 흑색화약이 쓰였지만, 1884년 프랑스의 과학자 폴 비엘류가 무연화약을 발명한 이후부터는 무연화학이 주로 쓰였다. 비엘류가 발명한 화약은 니트로셀룰로스를 에테르와 알코올을 혼합하여 만든 것이다. 1867년에 노벨이 니트로글리세린의 위험을 줄인 방법의 하나로써 다이너마이트를 발명하였는데, 이것이 교질 다이너마이트(gelatine dynamite)로 발전하였다.

우리나라는 고려 14세기 말에 최무선(崔茂宣)이 화약에 대한 지식을 가지고 있는 어느 중국인의 도움을 받아, 오랜 노력 끝에 화약제조에 성공하였다. 근대의 화약은 서양에서 수입된 기술들을 기반으로 하여 일제시대에 흥남화약공장이 처음 설립되었고, 이후 1952년 (주)한화와 1993년 고려화약이 설립되었다.

 중국의 3대 발명품은 무엇일까요?

송대에 발명된 화약, 나침반, 활판 인쇄술을 송의 3대 발명품이라고 하며, 후한의 채륜이 발명한 제지법을 포함하여 중국의 4대 발명품이라고 한다.

활판 인쇄술은 당의 측천무후 때 개발되었지만, 널리 보급되고 발달한 시기는 송나라 때이다. 나침반은 북송 말 휘종(徽宗, 1082~1135) 때 발명되었으며, 12세기 초 실용화되었다. 하지만 당시의 나침반은 단순한 형태로, 자석의 침을 물 위에 띄워 방향을 나타냈다. 종이는 일반적으로 후한 시대 환관이었던 채륜이 발명했다고 알려져 있다.

나침반은 중국의 4대 발명품 가운데 하나로 220년경 중국에서 발명되었다고 알려져 있다.

자석으로 방위를 아는 방법은 옛날부터 알려져 있었다. 자석의 성질을 기술한 세계에서 가장 오래된 문헌인 후한 (25~220)시대 왕충(王充)의 저서 ≪논형(論衡)≫에는 '사남(司南)의 국자(杓)'라는 기록이 있다. 이에 따르면 천연자석을 국자 모양으로 만든 것을 사남의 국자라고 불렀으며, 이것을 테이블 위에 두면 그 윗부분이 남쪽을 향한다고 기술되어 있다. 한편 11세기경 송나라의 심괄이 자침을 연구했는데, 이는 '지남철(指南鐵)' 또는 '지남차(指南車)'라는 이름으로 선원들 사이에서 사용됐다. 이후 아랍의 선원이 자침을 항해에 사용하는 기술을 유럽에 전달하였으며, 이것을 계기로 전 세계에 보급되었다.

한편 1560년경 이탈리아의 수학자 카르다노(Ceronimo Cardano, 1501~1576)가 새로운 자침의 장치를 발견하였다. 이것은 배가 아무리 흔들려도 자침이 바르게 수평이 되도록 한 3환식 환조법인데 자침이 가리키는 방위는 한층 정확해 이 장치를 '나침반'이라고 불렀다. 그러나 이것은 나무로 만든 목선의 경우는 문제가 없었으나 철선이 만들어지자 그 영향을 받아 소용이 없게 되었다.

이후 1874년 영국의 물리학자 윌리엄 톰슨(William Thomson, 1824~1907)이 철에 영향을 받지 않는 정확한 나침반, 즉 오늘날과 같은 모양의 나침반을 발명하였다. 또 1906년 독일의 H. 안쉬츠(Herman Anschutz, 1872~1931)는 최초로 자기 나침반 대신 자이로컴퍼스(gyrocompass, 자침의의 하나로서 고속으로 회전하는 팽이를 주체로 하는 방위측정기)를 실용화시켰다.

106 인류가 만든 가장 오래된 무기

활과 화살

인류가 만들어 낸 가장 오래된 무기는 바로 활과 화살이다.

이 두 무기는 기원전 5만 년경에 발명되었으며, 아직도 일부 원시 종족에서는 주요 무기로 사용되고 있다. 그리고 대부분의 국가에서는 스포츠로 행해지고 있다.

원시시대의 활은 가늘고 긴 막대의 양끝을 시위(활줄)로 팽팽하게 묶어 휘게 한 것이었다. 화살은 가늘고 곧은 대나무를 사용하였는데 시위에 고정하기 쉽도록 한쪽 끝에 좁은 홈을 팠다. 화살촉으로는 돌·조개껍질·금속 등이 사용됐고, 화살의 뒷부분에는 새의 깃털을 박아 넣기도 했다.

한편 활은 여러 가지 재료를 사용하여 갖가지 형태로 만들어졌는데 가장 잘 알려진 것은 180cm짜리 영국식 긴 활일 것이다. 이것은 14~15세기에 주목이나 오세이지 오렌지 나무로 만들어졌으며, 영국과 프랑스의 전투 등에서 훌륭한 무기로 입증된 바 있다.

107 지식의 대중화에 기여한 발명품

인쇄술

인쇄술은 활자를 사용하여 똑같은 서류를 여러 장 만드는 기술로, 인류의 가장 위대한 발명품 중 하나로 꼽힌다.

인쇄술 발명 이전에는 붓으로 책을 썼기 때문에 생산이 한정될 수밖에 없었다. 하지만 인쇄술의 발명으로 형태와 내용이 같은 책을 한꺼번에 대량생산할 수 있게 되었고, 이는 지식의 대중화에 크게 기여했다.

일반적으로 인쇄술의 발명가는 중국의 피챙으로 알려져 있는데,

그는 1041년에 진흙으로 활자를 구워 문장을 만들고 틀에 짜 넣는 방법으로 최초의 문서를 인쇄하였다. 이후 유럽과 중국 간의 무역이 성행하면서, 인쇄술은 서양에 전파되었다.

한편 네덜란드의 로렌스 잔스 준 코스터가 1423년에 금속자형을 사용하여 진흙 인쇄판을 만드는 실험을 하였으나 널리 사용되지는 못했다.

▲ 구텐베르크의 인쇄기(1436)

독일의 구텐베르크(Johannes Gutenberg, 1397~1468)가 1436년에 인쇄기를 발명하면서 똑같은 것을 얼마든지 찍어낼 수 있게 되었다. 구텐베르크의 가장 위대한 업적은 최초로 성경을 대량생산한 것이다. 그는 이를 1456년 독일의 마인츠에서 출판하였다.

<u>108</u> 구전에서 기록으로 역사를 바꾼 발명품

종이

인류의 문화발전에 크게 기여해 온 종이는 언제, 누가 발명했을까?

이집트 문명권의 파피루스(papyrus)나 메소포타미아 문명권의 양피지(parchment) 등은 초지법이 유럽으로 전파되기 전까지 약 3000년 이상 사용되었다.

하지만 어디까지나 종이는 '순수한 식물의 섬유를 원료로 한 것'으로서 이들은 종이 대용품에 불과하였다.

일반적으로 종이의 최초 발명자는 중국 후한 중기의 환관인 채륜(蔡倫)으로 보는 것이 정설이다. 후한서(後漢書)의 기록에 따르면 그는 나무껍질, 베옷, 고기잡이 그물, 누더기 천 등을 분쇄하여 만든 '채후지(蔡侯紙)'라는 종이를 발명하여 원흥(元興) 원년(105년)에 황제에게 진상하였다고 한다. 그러나 최근 실증적 고고학적 연구에 따르면 채륜 발명 이전에 제작된 종이들이 발굴되고(오래된 것은 기원전 140년 이전의 것으로 추정함) 있기도 하다.

중국의 제지기법은 751년 당나라 제지공에 의하여 이슬람 문화권으로 전해졌고, 12~13세기에 걸쳐 지중해 북안의 기독교 나라로도 전파되었다. 이에 따라 종이는 활자인쇄술 개발 이후의 서적문화를 담당하는 커다란 역할을 수행하였다.

1750년에 네덜란드식 제지기가 발명되어 질이 좋은 종이의 생산이 가능하게 되었고, 영국의 J. 와트만은 1770년에는 고급 도화용지인 '와트만지(Whatman paper)' 제조에 성공하였다. 1840년 독일의 F. G. 켈러에 의해서 목재를 분쇄하여 펄프를 만드는 방법이 발명되고, 1867년 미국의 화학자 B. C. 티르만이 화학적으로 안정된 목재펄프 제조법을 완성하였다. 목재펄프의 발명에 따라 종이는 대량생산의 시대에 들어섰으며, 개량을 거듭하여 다양한 종류의 종이를 생산하게 되었다.

109 프로메테우스 불 이후 인류의 두 번째 불

전구

오늘날 우리의 생활에 편리하게 쓰이는 전구는 1879년 미국의 발명가 토머스 에디슨(Thomas Edison, 1847~1931)과 영국의 조셉 윌슨 스완(Joseph W. Swan, 1880~1940)에 의해 동시에 발명되었다.

그러나 전구의 역사는 좀 더 거슬러 올라간다. 앞서 1808년 영국의 화학자 험프리 데이비(Humphry Davy, 1778~1829)가 두 개의 탄소 전극 사이의 방전에 의해 주위의 공기가 이온과 전자로 나누어지는 플라즈마 상태의 아크방전을 시키는 아크등을 발명하면서부터 전구의 역사가 시작됐기 때문이다. 데이비의 아크등은 파리의 콩코드 광장에 가로등으로 설치되었고, 미국과 유럽 등지에서 그 실험이 진행됐다. 그러나 데이비의 발명품은 빛이 지나치게 강하고 너무 빨리 타 버려 그 실용성에 한계가 있었다. 이러한 점을 보완하고 실용화한 사람이 에디슨과 스완이다. 그러나 스완의 전구도 전구 안을 진공으로 유지하는 데 문제점이 있었다.

결국 에디슨은 이 모든 문제를 해결하여 1879년 40시간 동안 빛나는 탄소 필라멘트 전구 실험에 성공했다. 그리고 그해 12월 3일 먼로파크 연구소에서 이 발명품을 세상에 공개하고, 다음 해에는 1500시간을 견디는 전구를 만들었다. 이후 에디슨의 탄소 필라멘트가 잘 끊어지는 것을 보완하여 1910년 쿨리지(William. D. Coolidge, 1873~1975)가 현재 쓰이는 텅스텐 필라멘트를 발명함으로써, 전구는 더 밝고 수명도 길어지게 되었다.

110 무게를 쉽게 측정하는 방법은 없을까?

저울

요즘도 가게나 금은방에 가면 곡식이나 금을 저울로 다는 것을 볼 수 있다. 저울은 언제, 어떻게 발명되었을까? 기원전 5000년경 이집트에서는 천칭이 사용되었다. 그것은 막대 중앙에 구멍을 뚫고 끈을 꿰어 양끝에다 접시를 달아 맨 것이었다. 한쪽의 접시에 기준이 되는 추를 얹고, 반대쪽의 접시에는 달고 싶은 곡식 등을 얹었다.

기원전 500년경이 되어서 로마 저울이라고 일컫는 '대저울'이 발명되었다. 이것은 지레의 원리를 이용한 것인데 추의 위치를 움직임으로써 물건의 무게와 균형이 잡힐 수 있도록 해 천칭보다 편리했다.

유럽에서는 17세기부터 천칭을 개량하는 일이 추진되었고, 1779년에는 프랑스의 로베르발(Gilles. P. de Roberval, 1602~1675)이 앉은뱅이 저울을 발명했다. 이후 19세기 초에는 십진법을 사용한 저울이 발명되었고, 1939년에는 미국에서 전자저울이 발명되면서 전자저울의 시대를 열었다.

111 어떻게 하면 길이를 쉽게 측정할 수 있을까?

자

길이를 재기 위해 사용되는 자는 언제, 어떻게 발명되었을까?

자의 한자인 척(尺)은 사람의 팔을 펼친 모양 또는 엄지와 집게손가락을 펴고 있는 모양을 나타낸다.

영국이나 미국에서 쓰이는 풋(Foot)이 '발'이라는 의미를 지니고 있는 것으로 보아 옛날부터 사람들은 길이를 재는 데 몸을 사용했음을 알 수 있다.

중국에서는 기원전 7세기 주나라 때 '황종'이라는 피리의 길이를 기준으로 척이라는 자의 단위가 정해졌다. 우리나라에서는 옛날에 주먹, 뼘, 발 등을 이용해 길이를 재다가 삼국시대에 척관법을 들여와 20세기에 미터법을 채용할 때까지 사용하였다.

한편 각 나라마다 서로 다른 단위를 정하여 사용하였으므로 다른 나라와 거래를 할 때 불편이 심해지자 1875년 국제 미터조약이 맺어졌고, 이후 미터법이 전 세계에 전파됐다.

16세기 말에서 17세기 초의 네덜란드에서는 유리나 보석을 연마하는 기술이 발달하여 안경 직공이 많았다.

17세기 초 네덜란드의 안경 직공인 한스 리퍼세이(Hans Lippershey, 1570~1619)는 자신이 닦은 렌즈 솜씨를 보기 위해 볼록렌즈와 오목렌즈를 각각 한 개씩 들고 근처의 교회 탑을 쳐다보다가 깜짝 놀랐다. 두 개의 렌즈를 조금 떼어서 보았더니 탑이 놀랄 만큼 크게 보였던 것이다. 그는 즉시 이것을 이용하여 1608년 수정렌즈로 된 망원경을 만들어냈다.

한편 1609년 이탈리아의 물리학자 갈릴레오 갈릴레이도 망원경에 대한 소식을 듣고 네덜란드에서 발명된 망원경을 개량한 천체 망원경 개발에 성공했다. 갈릴레이는 처음에는 물체의 3배, 다음에는 30배 이상의 크기로 확대하여 볼 수 있게 만들어 천체를 관측했다. 이 망원

▲ 한스 리퍼세이

경을 통해 갈릴레이는 달 표면의 산맥, 태양의 흑점, 금성이 차고 이지러지는 것 등을 발견했다.

같은 무렵 독일의 케플러는 대물렌즈와 접안렌즈 모두 볼록렌즈를 사용한 망원경을 제시했다.

참고로 볼록렌즈는 작은 물체를 크게 확대하여 볼 수 있는 대신에 볼 수 있는 범위가 작으며 빛을 모이게 하는 집광성을 가지고 있다. 주로 원시 교정, 돋보기, 사진기 등에 쓰인다. 오목렌즈는 큰 물체를 작아 보이게 하는 대신에 넓은 면적을 한꺼번에 볼 수 있다. 볼록렌즈와는 반대로 빛을 퍼지게 하는 성질이 있으며, 주로 근시 교정에 사용된다.

113 기능용 vs 장식용, 시대에 따라 달라진 선택

단추

셔츠를 여미는 데 필수적인 요소인 '단추'는 어떻게 만들어졌을까?

단추의 기원은 BC 6000년 전 고대 이집트 시대로 거슬러 올라가는데, 당시의 단추는 지금과는 달리 뼈나 금속 핀 등으로 끼우는 형태였다. 또 기원전 3000년 초, 인더스 강 골짜기 모헨조다로에서 꼬불꼬불한 조개의 부적이 발견됐고, 그것에 두 개의 구멍이 뚫려 있어 단추로 쓰였음을 추정하게 한다. 이외에 그리스나 페르시아 등지의 유물에서도 단추의 형태가 발견되고 있어 역사시대 이전부터 단추가 사용되어 왔음을 알 수 있다.

한편 스튜어트 피고트(Stuart Piggot)에 따르면 북부 잉글랜드와 스코틀랜드 유적에서 기원전 2000년 초의 것으로 생각되는 칠흑의 단추가 발견되고 있는데, 이것은 지중해 연안에서 유행한 핀으로 잠그는 옷이 영국에 늦게 건너왔기 때문이라고 한다.

이후 단추는 중세기 말에 옷을 잠그기 위한 기능용과 장식용의 두 가지 용도로 일반인들에게 보급되었다. 17세기 유럽에서는 바로크 의상의 화려함을 돋보이게 할 수 있도록 단추가 장식품으로 많이 활용되었고, 18세기에 들어서는 산업혁명으로 인해 금속, 상아단추 등이 등장하기도 했다. 특히 이 시기 버밍엄이 영국의 공업 중심지가 되었는데 거기서 만들어진 제품이 대량생산되면서, 단추 생산은 차츰 기계화되었다. 그리고 20세기 이후에는 합성수지가 개발되면서 단추가 더욱 다양화되고 기능적인 역할로 확산됐다.

한편 우리나라의 경우 조선시대 마고자 등에 단추를 사용하다가 갑오개혁 이후 일반인들에게도 보급되기 시작했다.

팩시밀리(facsimile)는 문자, 도표, 사진 등의 기록화상을 전기 통신선을 이용하여 원하는 곳으로 보내고 받을 수 있는 통신수단과 그 장치를 말한다. 줄여서 팩스(fax)라고 한다.

팩스는 전기를 이용한 통신 발명품 가운데 1837년 전자석 전신기(1837), 모스 전신기(1840) 발명 다음으로 오래 되었으나 상품화가 매우 늦었다.

팩스는 1843년 영국의 시계 제조업자 '알렉산더 베인(Alexander Bain, 1818~1903)'이 처음 발명했다. 이것은 그레이엄 벨이 전화를 발명하기 30년 전이다. 베인은 전신선의 양 끝에 흔들리는 추를 단 형태의 팩시밀리를 고안했다. 이때 만들어진 팩스는 이용하기가 매우 불편해서 상품화하는 데는 실패했다.

1862년 이탈리아의 물리학자 지오반니 카셀리(Giovanni Caselli, 1815~1891)가 '팬텔레그라프(Pantelegraph)'라는 기계를 발명했는데 이것은 베인의 발명을 기초로 동시화 장치를 덧붙인 것이었다. 1860년 팬텔레그라프는 파리와 리옹 사이에 첫 번째 팩스를 보냈다. 1914년에 에드워드 벨린(Edouard Belin, 1876~1963)은 사진 및 뉴스 리포팅에 대한 원격 팩스 개념을 만들었다.

그러다가 전자기술을 이용한 최초의 근대적 팩시밀리는 1925년 미국의 벨연구소에서 완성되었다.

팩시밀리는 오랜 역사에도 불구하고 그 보급 속도는 매우 느린 편이었다. 초기의 팩스가 사용하기 편리하도록 개량되고 전화가 널리 퍼진 1970년대 들어서야 겨우 팩스의 대중화가 이루어졌다. 우리나라의 경우는 이보다도 늦은 1983년 3월 일반 전화망(PSTN)을 데이터 통신에 개방함으로써 팩시밀리 보급의 계기가 되었다.

외과의학은 19세기에 두 가지 획기적 전기를 마련하는데, 그것은 바로 전신 마취와 화농의 방지이다. 특히 마취제의 개발은 현대적 수술을 가능하게 만든 역사적 사건이었다.

최초의 전신 마취제는 아산화질소 가스로, 이는 영국의 화학자 프리스틀리(Joseph Priestley, 1733~1804)가 발견한 것이다. 프리스틀리는 이 가스를 흡입하면 기분을 들뜨게 한다는 것을 발견했고, 이후 아산화질소는 연회 등에서 높은 인기를 누렸다. 그러나 아산화질소는 마취제라기보다는 기분을 좋게 하는 용도로 사용되었다.

1846년 10월, 미국의 치과의사 윌리엄 토머스 그린 모턴(William Thomas Green Morton, 1819~1868)은 에테르 마취제를 사용해 환자의 이를 통증 없이 뽑는 데 성공하였다. 메사추세츠 종합병원의 외과의사이던 비글로우(Henry Jacob Bigelow, 1818~1890)는 모턴으로부터 이 방법을 전수받아, 1846년 에테르 마취로 환자의 목 종양 제거 수술에 성공하게 된다. 이후 에테르를 사용한 마취는 미국과 영국에서 빠르게 보급되었다. 그러나 에테르는 민감한 산모들에게 특이한 냄새로 구토를 일으켰기 때문에 이에 대한 대책이 필요하게 되었다.

한편 1847년 11월 영국의 산부인과 의사였던 제임스 심프슨(James Young Simpson, 1811~1870)은 클로로포름(chloroform)이라는 액체를 마취제로 사용할 수 있다는 내용의 논문을 발표한다. 이후 1853년 빅토리아 황후의 왕자 분만 시 클로로포름 마취가 성공적으로 이용되었고, 심프슨 박사는 그 공로를 인정받아 영국 황실로부터 스코틀랜드 출신으로는 처음 '경(Sir)'의 칭호를 받게 되었다.

현재 우리나라에서는 천연두, 장티푸스 등의 전염병은 거의 사라진 상태다. 소아마비나 결핵도 예방주사로 어린이들을 지켜 주고 있다. 면역을 알고 면역을 이용한 전염병의 예방법을 최초로 만든 사람은 1776년 천연두 예방을 위한 종두법 발견에 성공한 제너(Edward Jenner, 1749~1823)이다.

19세기 중반, 프랑스의 파스퇴르(Louis Pasteur, 1822~1895)는 종두와 같은 방법으로 다른 전염병도 예방할 수 있다고 생각하고 연구한 결과 탄저병의 면역 연구에 성공했고, 광견병의 인공 면역 생성에도 성공했다. 또 1890년 독일의 세균학자 베링(Emil Adolf von Behring, 1854~1917)은 혈청에 의한 인공면역을 만들었고, 같은 해 코흐(Heinrich Hermann Robert Koch, 1843~1910)는 결핵균의 와찐인 투베르쿨린을 만들었다. 이 밖에 프랑스에서는 카르메트와 계랑이 1906년부터 B.C.G라는 결핵균을 만드는 데 성공했다.

이처럼 종두법 개발 이후 콜레라 · 장티푸스 · 디프테리아와 파상풍 · 결핵 · 인플루엔자 · 성홍열 등에 대한 백신이 개발돼 인류를 괴롭히던 9대 질병이 현저히 감소했다.

괴혈병(壞血病)은 비타민 C의 부족으로 출혈 장애가 체내의 각 기관에서 발생하는 질병이다. 심할 경우 심부전으로 사망에 이르기도 하는데 현재는 거의 찾아보기 힘들다. 괴혈병을 치료하는 명약은 무엇이며 또 누가 예방약을 발명했을까?

16~18세기의 대항해 시대에는 이 질병의 원인을 알 수 없었기 때문에 수많은 인명이 사망하는 것을 바라만 봐야 했다. 바스코 다가마의 인도 항로 발견 항해에서는 무려 180명의 선원 중 100명이 이병에 걸려 사망할 정도로 해적보다도 더 무서운 존재였다.

1753년에 영국 해군의 제임스 린드(James Lind, 1716~1794) 원장은 식사 환경이 비교적 양호한 고급 선원의 감염자가 적다는 사실을 알게 되었다. 그리고 신선한 야채와 과일, 특히 감귤과 레몬을 채택해서 이 질병을 예방할 수 있다는 것을 발견했다.

▲ 제임스 린드

이후 제임스 쿡 선장은 린드의 권고를 받아들여 남태평양 탐사의 첫 번째 항해(1768~1771년)에서 선원들에게 양배추를 절인 사워크라우트(sauerkraut)와 과일을 꾸준히 섭취시킴으로써 사상 최초로 괴혈병에 의한 사망자 없이 세계 일주에 성공할 수 있었다. 하지만 비타민 C와 괴혈병의 관계가 정확히 밝혀진 것은 1932년이다.

한편 '비타민(Vitamin)'이란 이름은 1911년 폴란드 화학자 카시미르 펑크(1884~1967)가 비타미네(vitamine)라고 처음 명명한 데서 유래되었다. 이 물질 안에 들어있는 아민(amine)과 라틴어로 생명을 뜻하는 'vita'라는 말을 합성한 것이다. 그러나 비타민 중에는 아민이 없는 것도 발견돼 1920년부터 'e'를 빼고 비타민이라고 부르기 시작했다.

¹¹⁸ 병원은 언제부터 있었을까?

병원

병원의 원형은 고대 문명의 발상과 더불어 시작되었다. 고대에는 신전(神殿)이 병원 역할을 하였다. 로마시대에는 나환자, 불구자, 맹인, 빈민환자들을 위한 수용시설이 있었고, 당시 동양 문명권에도 많은 의료시설이 설치되어 있었다고 전해진다.

중세기에는 의료가 귀족의 특권이었고 병원은 고아, 노인, 빈민, 불구자 등을 수용하기 위한 시설에 불과한 불결하고 혼잡하며 비위생적인 곳이었다. 이후 르네상스와 종교개혁을 거치면서 의료시설을 갖춘 병원이 등장했으며, 18세기 시민혁명 등으로 시민의식이 살아나면서 평민층을 위한 의료시설이 많이 건립되기 시작했다.

초기의 기독교 성직자들은 '호스피셔'라는 성소를 세워 불우한 사람들을 돌봐 주었다. 현대의 병원은 이와 같은 중세 수도원의 진료소에서 유래한다고 볼 수 있다. 근대적인 병원의 개념이 생성된 것은 19세기 중반, 영국의 간호사 나이팅게일이 인간적 간호와 과학적 의료 등을 주장한 것이 시작이었다. 또한 마취법이 개발되는 등 의료사의 획기적인 사건이 일어나면서 병원의 수는 급증하기에 이른다.

우리나라의 경우 고려시대에 의학 국립기관인 태의감이 있었고, 조선 전기에는 제생원·혜민국 등이 왕실과 서민들의 의료를 담당했다. 또 한국 최초의 서양식 병원은 1885년(고종 22) 미국의 선교사 앨런이 서울 재동에 설치한 광혜원인데 이는 1904년 세브란스 병원으로 개편되었다.

▲ 초기 광혜원 의료진

119 유럽의 밤거리를 오렌지빛으로 장식한 주인공

가스등

지금은 가정이나 공장에서 전기를 이용해 불을 밝히고 있지만, 전기가 사용되기 전에는 가스등으로 밤을 밝히던 때가 있었다.

가스등은 1798년 영국 스코틀랜드 출신의 증기기관 조립공인 윌리엄 머독(William Murdock, 1754~1839)에 의해 발명됐다.

머독은 증기기관을 발명한 제임스 와트의 공장에서 선반 기술자로 일하고 있었다. 1792년 어느 날, 그는 석탄에서 가스를 얻어 조명에 사용할 수 있을 거라고 생각했다. 이에 와트의 대규모 새 증기기관 공장에 가스발생장치를 만들어 공장 내부에 가스등을 켜는 데 성공하였다.

이후 1812년 런던에서 가스사업이 시작되면서 가스등은 유럽의 각 도시로 전파됐다. 1820년에는 프랑스와 영국의 강화조약 기념으로 프랑스 파리에 가스등 장식이 설치됐으며, 1848년에는 미국 백악관에서 가스등이 처음 켜졌다. 가스등은 가격이 저렴해 빠른 속도로 보급되었으며, 프랑스 파리에서는 1919년에, 독일의 하노버에서는 1925년에 시작됐다.

이와 같은 가스등의 보급은 상류층 독서인구의 증가로 이어졌고, 이로 인해 19세기 문학은 부흥기를 맞게 되었다. 또 거리 곳곳에 설치된 가스 가로등은 유럽의 밤거리를 밝히는 데 큰 몫을 담당하면서 유럽의 치안을 강화시켰다. 아울러 가스등은 영국 산업혁명 당시 생산성을 증가시키는 데 기여했지만, 한편으로 공장 근로자들은 근무시간이 연장되며 고단한 삶을 이어가야 했다. 이후 가스등은 에디슨의 전등 발명에 따라 점차 쇠퇴하지만, 런던에서는 제2차 세계대전 이전까지 가스등이 일부 사용되기도 했다.

"**발명**이란 문제를
해결하는 일입니다.
아마 수천 명의 사람들이
이마를 치면서
'내가 왜 그런 생각을 못
했지?'하고
외쳤을 겁니다."

– 트레버 베일리스

발명상식사전

다섯째 마당 _
평범한 사람들의 인생역전 발명

120. 스트라이트의 팝업 토스터 _ 평범한 기술자의 번뜩이는 아이디어와 집념의 승리
121. 프레이즈의 캔 뚜껑 개폐장치 _ 발상의 전환! 필요한 것끼리 함께 붙여라
122. 필립스의 십자나사못 _ 우연하게 포착한 획기적인 발명 아이디어
123. 립맨의 지우개 달린 연필 _ 자신의 결점을 보완하기 위한 멋진 아이디어
124. 메스트랄의 벨크로 _ 우엉 가시에서 힌트를 얻어 탄생한 테이프의 혁명
125. 프라이의 3M 포스트잇 _ 실수로 탄생해 문구계의 히트상품에 등극
126. 소변구가 있는 이중팬티 _ 양복 안주머니에서 착안한 새색시의 아이디어
127. 사카이의 생리대 _ 여자의 욕구를 읽어낸 획기적인 발명
128. 딕슨의 밴드 반창고 _ 사랑하는 아내를 위한 집념으로 연구
129. 스톤의 빨대 _ 어떻게 하면 위스키를 더 맛있게 먹을까?
130. 무어의 종이컵 _ 필요에 의한 발명으로 탄생한 일회용 컵
131. 던롭의 공기타이어 _ 축구공에서 착상이 떠오른 안전한 타이어
132. 아페르의 병조림 _ 요리사의 경험과 집념이 낳은 발명
133. 미쇼의 페달 자전거 _ 기존의 제품에 아이디어를 더하라
134. 잉크가 샘물처럼 솟아나는 펜? _ 만년필
135. 남성들의 안전한 수염 관리 _ 안전면도기
136. 짧을수록 오래가는 아름다움 _ 미니스커트
137. 할머니의 손자 사랑이 낳은 획기적인 발명품 _ 삼각팬티
138. 사랑의 힘이 낳은 로맨틱한 발명 _ 안전핀
139. 효심이 만들어낸 가볍고 편리한 가방 _ 쇼핑백
140. 배드민턴을 대중화시킨 일등공신 _ 플라스틱 셔틀콕
141. 산업화 시대를 견인한 원동력 _ 재봉틀
142. 위기를 재치있게 극복해 전 세계인의 쿠키로 _ 초코칩쿠키

스트라이트의 **팝업 토스터**

– 평범한 기술자의 번뜩이는 아이디어와 집념의 승리 –

   토스트가 인종을 뛰어넘어 전 세계인의 사랑을 받게 된 것은 다름 아닌 '토스터'의 끊임없는 발전 덕분이었다. 그렇다면 누가 이 토스터를 탄생시켰고, 토스트를 간식과 식사대용품의 왕자로 끌어 올려 주었을까?

▲ 찰스 스트라이트

   찰스 스트라이트(Charles P. Strite)는 자신이 일상에서 겪는 불편을 해결하기 위해 발명에 뛰어든 대표적인 인물이다. 그는 미국 미네소타주 스틸워터의 작은 공장에서 기술자로 일하는 평범한 직원이었다. 스트라이트를 비롯한 공장의 직원들은 쉬는 시간이면 휴게소에 들러 토스트를 간식으로 시켜 먹곤 했다.

   그러던 어느날 스트라이트는 허기를 느끼자 곧바로 휴게실로 달려가 토스트를 주문했다. 그는 쉬는 시간이 짧아 급히 만들어 달라고 독촉했다. 그래서인지 그의 앞에 놓인 토스트는 새카맣게 타 있었으며, 맛 역시 숯덩이를 먹는 것 같았다. 당시 토스터는 한 번에 한 면밖에 구울 수 없었고, 열 조절도 불가능해 숙련된 요리사라 할지라도 타지 않은 토스트를 만들어 낼 수가 없었다.

   탄 토스트를 먹던 스트라이트는 자신이 타지 않는 토스터기를 발명하기로 마음먹었다. 스트라이트는 그날부터 토스터 발명에 매달렸다. 퇴근하자마자 집으로 달려온 스트라이트의 연구는 기존 토스터의 장단점을 분석하고, 식빵의 양면을 타지 않게 동시에 굽는 토스터를 만드는 것이었다.

'식빵의 양면은 동시에 굽되, 타이머 장치를 부착해 식빵이 알맞게 구워지면 스프링에 의해 저절로 튀어나오도록 하면 되지 않을까?'

이 정도라면 자신의 기술로도 충분히 시제품을 만들 수 있다고 판단한 스트라이트의 생각은 적중했다. 1919년 스트라이트는 스프링과 타이머를 결합시킨 토스터 시제품을 만드는 데 착수했다. 사람들은 적당히 구워진 식빵이 스프링에 의해 튀어 오르는 새로운 토스터를 빨리 생산·판매해 달라고 아우성이었다.

호텔과 식당 등에 고가로 팔리던 토스터는 1926년에서야 드디어 일반 가정에도 판매되기 시작했다. 당시 "뒤집는 수고도, 탈 염려도 없다"는 스트라이트의 토스터 광고는 폭발적인 인기를 모았다. 그러나 스트라이트의 토스터도 완벽한 발명은 아니었다. 토스트를 계속 구우면 가열된 열선에 의해 식빵이 타기 때문이었다. 1930년에 스트라이트는 이 문제도 자동 온도조절기를 부착함으로써 의외로 손쉽게 해결해 냈다. 이후 스트라이트는 큰 기업을 경영하는 기업인으로 성장했다.

이건 뭐?

토스터 발명사

▲ 토스트마스터

전기토스터는 1893년 영국 크롬튼&컴퍼니가 처음 내놓았다. 이후 제너럴 일렉트릭(GE)의 기술자 프랭크 셰일러가 1909년 니켈-크롬 합금을 이용한 토스터 D-12로 큰 인기를 끌었다. 슬라이스 식빵이 나오기 20년 전으로 당시 토스터 가격은 3달러였는데, 한 번에 식빵 한 면밖에 구울 수 없어서 쉽게 타 버리는 문제가 있었다. 이런 단점을 개선하여 1919년 기술자 찰스 스트라이트는 스프링과 타이머를 결합시켜 적당히 구워지면 툭 튀어나오는 팝업 토스터를 만들었다. 또 최초의 자동 전기 토스터인 '토스트마스터'는 1926년 워터스 겐터 회사에서 출시되었다.

프레이즈의 **캔 뚜껑 개폐장치**

– 발상의 전환! 필요한 것끼리 함께 붙여라 –

전 세계에 폭발적인 캔 음료 붐을 일으킨 것은 다름 아닌 캔 뚜껑의 개폐장치!

코카콜라를 비롯하여 세계적인 음료들의 소비를 크게 끌어 올린 것도 이 발명 때문이었고, 음료를 안전하게 휴대하고 다니며 즐길 수 있게 한 것도 이 작은 발명 덕분이었다. 캔 뚜껑 개폐장치가 발명되기 전까지만 해도 음료 용기의 대부분

▲ 어니 프레이즈

은 유리병이었고, 이 때문에 음료수는 냉장고 안에 보관해 가정에서 즐기는 정도였다.

작은 아이디어지만 큰 발명으로 기록되어 전해지는 이 발명을 세상에 선보인 사람은 미국의 공구 제조 기술자인 '어니 프레이즈 (Ernie Fraze, 1913~1989)'다. 프레이즈는 이 발명으로 부와 명예를 동시에 거머쥐며 위대한 발명가로 전 세계에 알려지게 되었다. 많은 발명이 그러했듯이 이 발명도 생활 속의 불편함을 해결해 보려는 자세에서 비롯되었다.

어느 늦은 봄날, 프레이즈는 가족들과 함께 모처럼 소풍 길에 나섰다. 큰 배낭을 맨 프레이즈는 땀을 많이 흘린 탓인지 심한 갈증을 느꼈다.

"얘들아, 이쯤에서 잠시 쉬며 음료수라도 마시고 가자꾸나."

그런데 문제가 발생했다. 아침 일찍 서두르느라 캔 따개를 빠뜨린 것이었다. 당시 캔은 따개가 없으면 딸 수 없었기 때문에 프레이즈 가족은 다른 사람의 캔 따개를 빌려 겨우 음료를 마실 수 있었다.

그날 이후 프레이즈의 머릿속에는 캔 따개가 자리 잡았고, 시간이 날 때마다 캔과 따개를 일체화하는 방법을 연구하였다.

'캔 옆에 따개를 붙이면 어떨까?'

하지만 가족은 물론 주변 사람들 모두가 불편하고, 경제성도 없다며 특허출원을 만류했다. 그렇다고 물러설 프레이즈가 아니었다. 더욱더 적극적으로 연구에 매달렸다.

그러던 어느 날, 프레이즈는 승용차 범퍼를 여는 순간 엉뚱한 아이디어가 떠올랐다.

'그래, 바로 이거야! 뚜껑을 뜯어내는 거야.'

프레이즈의 엉뚱한 아이디어가 큰 발명으로 바뀌는 순간이었다. 그는 즉시 실천에 옮겼고, 결과는 대성공이었다. 노인들도 아이들도 병원의 환자들도 손쉽게 뚜껑을 딸 수 있게 되자 음료의 소비도 덩달아 늘었고, 프레이즈의 수입 역시 같은 비율로 늘어만 갔다.

작은 아이디어 발명으로 짭짤한 재미를 본 프레이즈는 한 단계 더 발전한 캔 따개에 도전하기로 했다. 이번에는 캔 뚜껑을 따지 않고 안쪽으로 밀어 넣는 방법이었다. 지레의 원리를 응용했을 뿐인데 놀랍게도 아주 손쉽게 음료를 개봉할 수 있었다. 그 편리함은 순식간에 5대양 6대주를 독점하기에 이르렀다.

▲ 캔 뚜껑

필립스의 **십자 나사못**

– 우연하게 포착한 획기적인 발명 아이디어 –

하찮은 십자(+) 나사못과 십자(+) 드라이버도 세계적인 발명품이다.

발명가는 라디오 수리공이었던 헨리 필립스 (Henry F. Phillips, 1890~1958)라는 미국 소년이었다.

아버지가 병환으로 세상을 떠나자 그는 중학교를 중퇴하고 견습공으로 1년을 고생한 결과 수리공이 됐다. 그는 비록 하루 12시간씩이나 일에 매달렸음에도 불구하고 자신의 직업에 대해 긍지와 보람을 느끼고 있었다. 특히 그가 고친 고장 난 라디오에서 아름다운 소리가 흘러나올 때는 환희를 느끼곤 했다.

그러던 어느 날 그에게 큰 문제가 발생했다. 고장 난 라디오의 일자(–) 나사못을 빼야 수리를 할 수 있는데, 일자(–) 홈이 완전히 닳아 드라이버의 날을 들이댈 수도 없었던 것이다. 그는 할 수 없이 망가진 일자(–) 홈을 무시하고 그 자리에 십자(+) 홈을 파기로 했다. 무심코 한 이 행위가 세계적인 발명이 될 줄은 전혀 몰랐다. 단순히 한쪽(–)이 망가지면 다른 한쪽(|)을 사용한다는 생각뿐이었다.

얼마 후 그는 십자(+)로 파놓은 나사못의 홈이 일자(–)보다 쉽게 망가지지 않는다는 사실을 발견했다. 또 드라이버도 십자(+)로 만들면 홈에 미치는 드라이버의 힘이 일자(-)에서 십자(+)로 분산돼 힘을 배가시킬 수 있고, 홈이 잘 망가지지 않는다는 것도 알아냈다. 이후 자신이 사용하는 나사못과 드라이버를 모두 일자(-)에서 십자(+)로 바꾸어 고장 난 라디오를 수리했다. 십자(+) 나사못은 마찰력이 뛰어나 헛돌지도 않고 닳지도 않는다는 장점을 지니고 있었다.

그는 서둘러 세계 각국에 특허를 출원했다. 당시 그의 나이는 불과 16세였다. 특허로 등록되자마자 전 산업계가 발칵 뒤집혔다. 십자(+) 나사못이 라디오 · TV 등 세상의 온갖 기구와 기계에 사용되면서 그 위력을 유감없이 발휘하게 된 것이다. 일자(-) 나사못의 홈이 쉽게 망가져 고통을 겪던 모든 수리공들에게는 구세주의 은총보다 더 큰 선물이었다.

이 나사는 1936년 GM의 캐딜락 승용차에 사용되는데, 나사의 이름도 그의 이름을 따 필립스 헤드(Phillips Head)라고 붙여졌다.

필립스가 가내공업으로 세운 회사는 1년 사이에 1000여 명의 종업원을 거느리는 대기업으로 일약 성장했다.

 이건 뭐?

아르키메데스의 또 하나의 유레카! 나사

나사는 직각삼각형 종이를 원통에 감았을 때 그 빗변에 생기는 선, 즉 나사선을 따라 홈을 판 것이다. 원통에 홈을 팔 때 원통 바깥쪽으로 홈을 판 것을 볼트(bolt), 원통의 안쪽으로 홈을 판 것을 너트(nut)라고 한다. 일반적으로 나사는 원통 주위를 감고 있는 경사면이라고 볼 수 있다.

이러한 나사의 개념은 기원전 3세기경 고대 그리스의 수학자 겸 발명가인 아르키메데스(Archimedes, BC 287~212)에 의해 최초로 설명되었다고 전해진다. 그는 나사를 이용해 개울에서 관개수로 물을 퍼 올리는 회전 펌프를 만들었다. 그리고 나사를 물에 비스듬히 박아 넣고 회전시켜 물이 나선을 따라 위로 올라와 쏟아지는 것을 사람들 앞에서 실험해 보였다.

립맨의 **지우개 달린 연필**
– 자신의 결점을 보완하기 위한 멋진 아이디어 –

수학에서 1+1=2이다. 하지만 발명 세계에서는 하나에다 하나를 더한 것이 위대한 발명사에 길이 남기도 한다. 우리가 무심코 사용하는 '지우개가 달린 연필'이 바로 이런 발명의 대표적인 경우이다.

▲ 하이멘 립맨

가난한 화가 지망생이자 15세 소년가장이었던 하이멘 립맨(Hymen L. Lipman)은 미국 필라델피아에서 병든 홀어머니를 간호하며 먹고 살기 위해 그림 그리기에 몰두했다. 이 때문에 대화가의 꿈은 자꾸만 시들어 가고 냉혹한 현실만 그를 몰아세웠다.

어느 추운 겨울날, 그는 여느 날과 다름없이 아침 일찍부터 열심히 데생작업을 하고 있었다. 오전 중으로 그림을 완성해 내다 팔아야 끼니를 이을 수 있기 때문이었다. 그런데 작은 사고가 생겼다. 데생이 잘못돼 지우고 다시 그려야 하는데, 도무지 지우개를 어디에 두었는지 생각이 나질 않았다. 온 방안을 샅샅이 뒤졌으나 지우개는 끝내 찾을 수 없었고, 결국 이날은 한 장의 그림도 그려내지 못했다. 유난히 건망증이 심했던 립맨에게 종종 일어나는 일이었다. 다음 날부터 그는 연필에 실로 꿴 지우개를 매달아 사용해 보았다. 잃어버릴 염려는 없었지만 연필을 사용할 때마다 지우개가 덜렁거려 여간 불편한 게 아니었다.

그러던 어느 날, 외출을 하기 위해 모자를 쓰던 그는 거울 속에 비친 자신의 모습에서 반짝이는 영감을 얻었다.

'지우개를 연필의 머리 부분에 모자 씌우듯 고정시키면 잃어버릴 염려도 없고 편리하게 사용할 수 있겠구나!'

그는 서둘러 양철조각을 구해 와 연필과 지우개를 접속시켜 보았더니 그동안의 고민이 말끔히 해소됐다.

마침내 립맨은 1858년 3월 30일, 지우개를 아교로 연필에 고정시키는 지우개가 달린 연필을 발명했다. 립맨은 이 특허를 1862년 조셉 레켄도르퍼(Joseph Reckendorfer)에게 10만 달러에 팔아 막대한 부를 축적했다.

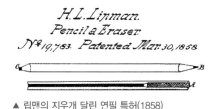

▲ 립맨의 지우개 달린 연필 특허(1858)

이건 뭐?

고무지우개 발명

고무공업이 일찍이 발달한 영국에서 고무지우개가 맨 처음 발명되었다. 오늘날 우리가 쓰고 있는 고무지우개의 최초 발명자는 산소를 발견한 영국 화학자 조지프 프리스틀리(Joseph Priestley, 1733~1804)였다. 영국에서는 일찍이 고무공업이 발달했는데, 고무지우개도 그 덕에 탄생한 것이라고 보면 된다. 고무지우개가 나오기 전에는 호밀빵이 지우개 대용으로 쓰였다고 한다. 그는 1770년에 고무지우개를 발명해 '인디언 러버(Indian Lubber)'라고 이름을 지었다. 러버의 어원은 '지운다'는 뜻인 rubbut이다. 그는 글을 쓴 종이를 무심코 고무조각으로 문지르다가 글씨가 지워지는 것을 보고 만들게 되었다. 하지만 이 발명품은 온도가 높으면 끈적거리고 반대로 온도가 낮으면 굳는 특성이 있어서 사용하기에는 상당히 불편했다. 이런 결함은 찰스 굿이어가 고무에 유황을 섞은 비교적 질 좋은 지우개를 만들어 내면서 상당 부분 개선되었다. 요즘의 지우개는 염화비닐을 주재료로 하는 플라스틱 지우개다.

한편 1870년대 들어 타자기가 급속히 보급되면서 물감이나 잉크를 지울 수 있는 지우개도 등장했다. 바로 '수정액(Liquid paper)'이라는 것인데, 1951년에 비서로 일하던 베티 그레이엄이라는 여성이 매니큐어와 페인트, 종이가루 등을 섞어서 만들어 '미스테이크 아웃'이라는 이름으로 출시하였다.

메스트랄의 **벨크로**

– 우엉 가시에서 힌트를 얻어 탄생한 테이프의 혁명 –

갓난아기의 기저귀 여밈에서부터 시계 밴드, 허리띠, 운동화 끈, 주머니 덮개, 기차의 좌석커버, 우주복에 이르기까지 폭넓게 사용되는 매직 테이프 '벨크로(Velcro)'는 누가 어떻게 발명했을까?

사냥광이었던 스위스의 엔지니어 게오르그 데 메스트랄(George de Mestral, 1907~1990)은 이 작은 발명으로 세계 100대 기업 중의 하나인 '벨크로 사'를 탄생시켰다.

애초 기술자가 되고자 했던 그는 뜻대로 되지 않자 취미로 시작한 사냥에 푹 빠졌다. 그러던 1947년 어느 가을날, 메스트랄은 여느 때와 다름없이 애견 '번개'와 함께 사냥 길에 나섰다. 산토끼를 발견한 번개가 앞서 달리자 정신없이 뒤따라가다 그만 산우엉이 우거진 숲 속으로 뛰어들게 됐다. 번개의 도움으로 고생 끝에 살찐 산토끼를 잡는 데는 일단 성공했으나 숲에서 나온 그의 모습은 가관이었다. 옷 여기저기에 산우엉의 가시가 더덕더덕 붙어 고

▲ 산우엉 가시

습도치나 다름없었다. 옷을 벗어 힘껏 털어 보았으나 가시는 좀처럼 떨어지지 않았다.

'산우엉의 가시는 왜 잘 떨어지지 않을까?'

모두들 대수롭지 않게 지나쳐 버릴 일이었지만 그의 생각은 달랐다.

'틀림없이 이유가 있을 것이다.'

서둘러 집으로 돌아온 메스트랄은 확대경으로 산우엉 가시를 자세히 살펴보았다. 뭔가 특별할 것이라고 생각한 그의 생각대로 산우엉의 가시는 갈고리 모양이었다. 순간 그의 머릿속에는 무엇인가가 빠르게 스쳐 지나갔다. 그

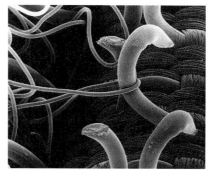
▲ 메스트랄의 벨크로(1951)

는 곧바로 한 쪽에 갈고리가 빽빽하게 있고 다른 쪽에는 작은 원형 고리가 있는 테이프를 만들어 서로 붙여 보았다. 그의 예상은 그대로 적중했다. 양쪽 면이 서로 닿는 순간 철컥 붙었다가 약간의 힘을 가하면 '지직' 소리와 함께 떨어졌다. 여간 신기하고 편리한 게 아니었다.

1951년 메스트랄은 특허를 출원하고 '벨크로(Velcro)'라는 상호와 상표 아래 벨크로 생산에 들어갔다.

그러나 시장에서의 첫 반응은 기대와 달리 냉담했다. 발명품 '잠금 테이프(Licking Tape)'는 쉽게 닳고 빨면 갈고리가 떨어져 나간 탓이었다. 메스트랄은 1957년 재료를 면에서 나일론으로 바꾸고 적외선까지 씌워 보다 튼튼한 제품을 내놨다.

신제품에 대한 반응은 폭발적이었다. 때맞춰 제2차 세계대전까지 터지자 군복과 군화에까지 벨크로가 사용되는 등 1959년까지 무려 54840km^{2}의 제품이 팔려 나갔다. 제품명도 프랑스어 '벨루어(벨벳)'와 '크로세(고리)'를 합성해 '벨크로'로 바꿔 판매에 기여했다. 이로 인해 메스트랄은 부와 명성을 얻었고, 1990년 83살로 사망할 때까지 편안한 여생을 보냈다.

프라이의 **3M 포스트잇**

― 실수로 탄생해 문구계의 히트상품에 등극 ―

1970년에 3M 사의 연구원으로 재직 중이던 스펜서 실버(Spencer Silver 1941~)는 강력 접착제를 개발하던 중 실수로 접착력이 약하고 끈적임이 없는 접착제를 만들게 됐다. 그 당시 주변 사람들은 실버가 개발한 제품을 붙었다가 떨어지는 신기한 접착제로만 생각했다. 접착제의 본래 기능은 한번 붙으면 잘

▲ 포스트잇을 들고 있는 아서 프라이

떨어지지 않아야 하는데, 실버가 개발한 접착제는 잘 붙되 잘 떨어졌기 때문이다. 그러나 실버는 실패를 실패로 만들지 않고 사내 기술 세미나에 보고했다.

영영 잊혀질 뻔했던 실버의 접착제를 되살린 것은 같은 연구소 직원인 아서 프라이(Arthur Fry, 1931~)였다. 교회의 성가대원으로 활동하던 프라이는 찬양을 부를 곡에 서표를 끼워 놓곤 했는데, 이것이 빠지는 바람에 당황했던 적이 많았다.

1974년 어느 날, 이를 고민하던 프라이는 실버의 접착제를 사용하여 붙었다 뗐다 할 수 있는 서표를 만들면 어떨까 하는 획기적인 아이디어를 떠올렸다. 실버의 접착제라면 종이에 쉽게 붙일 수도 있고 뗄 때도 책이 찢어지지 않을 것이란 생각이었다.

프라이는 연구를 거듭한 결과, 마침내 붙었다가도 말끔하게 떼

어 낼 수 있는 적당한 수준의 접착제가 발라진 종이 조각을 개발 해냈다. 그러나 접착제를 바른 종이 면을 얇게 깎는 기술과 떼었 을 때 책에 손상을 주지 않는 일정한 강도를 찾아내기란 쉽지 않 은 일이었다.

그는 포기하지 않고 연구에 몰두하였는데, 마침내 1977년에 서표는 물론이고 메모지로도 활용 가능한 「포스트 스틱 노트」 (Post-stick note ; 이후 Post-it으로 변경함)를 출시하였다.

포스트잇이 처음 출시되었을 때만 해도 "이런 것을 어디에 쓰느 냐?"는 의견이 다수였다. 이 때문에 초기 시장 판매는 실패했다. 그 러나 프라이는 좌절하지 않고 포춘이 선정한 500대 기업의 비서들 에게 3M 사 회장의 비서 이름으로 견본품을 보냈다. 그것을 써 본 비서들은 포스트잇의 놀라운 기능에 사로잡혔다. 서류에 간단히 붙 여 표시하거나 그날그날 해야 할 일을 적어 책상머리에 붙여 두는 메모지로 써 제격이었기 때문이다. 이후 포스트잇은 1980년에는 미국 전역에서 판매되기 시작했고, 1년 후에는 캐나다와 유럽 등 전 세계로 판매가 확대되었다. 이어 포스트잇은 AP통신이 선정한 '20세기 10대 히트상품'에도 포함되는 영광을 안았다.

포스트잇은 이렇게 실패한 발명품에서 최고의 사랑을 받는 사무용품으로 거듭났다. 생각을 바꿔 새로운 사용 분야를 찾 아낸 발명가의 끈질긴 노력 덕분이다.

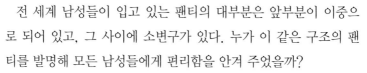

소변구가 있는 **이중팬티**
- 양복 안주머니에서 착안한 새색시의 아이디어 -

전 세계 남성들이 입고 있는 팬티의 대부분은 앞부분이 이중으로 되어 있고, 그 사이에 소변구가 있다. 누가 이 같은 구조의 팬티를 발명해 모든 남성들에게 편리함을 안겨 주었을까?

주인공은 놀랍게도 신혼의 단꿈에 젖어 있던 일본의 한 새색시였다. 본인의 의사에 따라 이름이 밝혀지진 않았으나 그녀는 이 발명으로 샐러리맨 남편을 한순간에 유명 의류업체 대표로 만들었고, 자신은 여류 발명가로서 명성을 떨칠 수 있었다.

갓 시집와 아직 시댁 식구들의 얼굴조차 분간하기 어렵던 신혼 초의 어느 날이었다. 이 새색시는 당돌하게도 남편이 입고 있는 팬티의 소변구가 단추로 개폐되도록 만들어진 것이 몹시 마음에 걸렸다. 급할 때 끄르기도 번거로워 보인 데다 혹시 단추 끼우는 것을 잊기라도 하면 큰 망신을 살 수도 있었기 때문이었다.

'좋은 방법이 없을까?'

남편이 출근한 후 이 새색시 일과는 남편의 팬티에 대한 연구였다. 난생 처음 대하는 남자 팬티에 관한 연구라서 신기하기도 했지만, 한편으로는 몹시 부끄럽기도 했다. 그녀는 남편의 팬티를 만지작거리다 가족들에게 들켜 난처한 입장에 처한 적도 한두 번이 아니었다.

좀 더 편리하고 안전한 남자 팬티를 연구한 지도 어느 덧 6개월이나 지났지만 연구는 제자리걸음을 되풀이하고 있었다.

그러던 어느 날 아침, 새색시는 남편이 출근 전에 이중으로 된 양복 깃 사이로 손을 집어넣어 안주머니 속의 지갑을 꺼내는 것을 보았다.

'그래 두 겹으로 만들어 포개지도록 하면 되겠구나.'

대개의 발명이 그렇듯이 문제의 실마리가 풀리면 90%는 성공한 것이다. 나머지 과제는 시제품을 만드는 것이었다. 새색시는 남편이 퇴근하기 전에 쉽게 첫 작품을 완성시켰다. 불과 한나절 사이에 모든 작업이 이루어졌다.

"훌륭하구려, 특허를 받아 대량으로 생산합시다."

퇴근 후 아내의 발명품을 본 남편은 칭찬을 아끼지 않았다. 남편은 직장까지 그만두고 아예 집안에 생산시설을 갖추었다. 밤낮으로 생산되는 이중팬티의 인기는 폭발적이었다. 별도로 새롭게 들어가는 재료도 없어 기존의 팬티와 가격은 같으면서도 모든 남성들의 골칫거리를 간단하게 해결했으니 너무나 당연한 결과였다.

이후 새색시와 남편의 회사는 2년 만에 일본 남자팬티 시장을 완전히 석권하여 연간 2000만 엔의 순수익을 올리는 의류 업체로 부상했다.

사카이의 **생리대**
- 여자의 욕구를 읽어낸 획기적인 발명 -

매달 여자들에게만 찾아오는 손님!

웬만큼 눈치가 없는 사람을 빼놓고는 남녀 구분의 표시인 '생리'를 금방 떠올리게 된다. 불과 50여 년 전까지만 해도 여자들은 이 손님을 기저귀라는 원시적인 수단으로 맞이해야만 했다. 그러다 보니 귀찮고 짜증나는 건 둘째치고 여간 불편한 게 아니었다. 아무리 단단히 동여매도 흘러나오는 것은 예사였고, 동여맨 자국마저 옷 위로 표시가 나 마치 광고(?)라도 하는 것 같아 외출조차 두려웠다. 이 같은 문제를 말끔히 해결하여 지구촌 여성들을 '생리의 공포'로부터 해방시킨 사람은 일본의 사카이 다카코 여사다.

회사원이었던 사카이 여사도 생리가 심할 때는 출근조차 할 수 없었던 경우가 한두 번이 아니었다.

'생리를 감쪽같이 치를 수 있는 방법이 없을까?'

사카이 여사는 몇 년째 끙끙 앓으며 자나 깨나 이 방법을 생각하고 있었다.

그러던 어느 날 소문을 들은 후배 하나가 그녀에게 다음과 같이 귀띔해 주는 것이 아닌가.

"흡수성이 강한 종이(화장지)로 만들면 흘러나올 염려도 없고 화장실에서 감쪽같이 갈아 끼울 수 있잖아요."

사카이 여사는 귀가 번쩍 뜨였다. 즉석에서 20만 엔을 주고 이 아이디어를 사들였다.

우선 모든 종이를 모아 그 중 흡수성이 가장 강한 것을 찾아내 알맞은 크기로 접었다. 다음은 흘러나옴을 방지하기 위해 겉 부분에 얇은 방수막 처리를 하고, 착용이 편리하도록 부위에 따라 두께와 크기를 조절했다. 약품을 이용한 위생처리도 잊지 않았다. 연구는 여기에서 우선 일단락지었다.

사카이 여사는 때마침 찾아온 생리를 이것으로 맞이해 보았다. 그 결과 생리가 흘러나오지 않고 표시가 나지 않는 데다 날아갈 듯이 편리했다.

'이 편리함을 모든 여자들에게 나눠 주자.'

사카이 여사는 특허등록을 마친 후 서둘러 회사를 설립하고, '안네'라는 상표로 생산을 개시했다. '안네'에 대한 소문은 순식간에 번졌다. 부끄러움을 많이 타는 여중생까지도 스스럼없이 찾았고, 어느 약국에서든 '안네' 하고 속삭이기만 해도 금방 알아들었다.

매월 어김없이 5000만여 개가 팔려 나갔다. 또한 수출 요청이 쇄도했으나 국내 시장을 감당하기에도 벅찰 지경이었다. 생리대는 폭발적인 인기를 끌며 3년이 채 되지 않아 세계 여성들을 생리의 공포로부터 해방시켜 주었다. '안네' 회사는 이 발명 하나로 거뜬히 중견기업의 대열에 올라섰다.

한편 우리나라 최초의 1회용 생리대는 유한킴벌리가 1971년 1월부터 출시한 '코텍스'였으며, 이후 1975년 들어서는 접착식 생리대인 '뉴후리덤'이 출시돼 끈이 없는 생리대 시대를 열었다.

딕슨의 **밴드 반창고**

– 사랑하는 아내를 위한 집념으로 연구 –

1900년대 초, 결혼한 지 얼마 되지 않은 얼 딕슨(Earle Dickson, 1892~1961)의 아내 조세핀은 요리를 거의 할 줄 몰랐다. 그러다 보니 요리를 할 때마다 칼에 손을 베었고, 뜨거운 음식물을 준비하다 보면 손을 자주 데였다. 그 당시 딕슨은 병원에서 사용하는 외과치료용 테이

▲ 얼 딕슨

프를 제작하는 존슨 & 존슨에 근무하고 있었다.

딕슨은 손을 자주 다치는 아내 덕분에 붕대와 반창고를 사용해 치료하는 데는 전문가가 되어 있었다. 그렇다고 그가 하루 종일 아내의 치료만을 위해서 함께 있을 수만은 없었다. 딕슨은 자신이 출장을 떠난 후 혹시라도 아내가 혼자서 요리를 하다가 손을 다치면 스스로 치료할 수 있는 방법을 찾아보았지만 어디에서도 찾을 수 없었다.

머뭇거릴 사이도 없이 그는 혼자서도 치료할 수 있는 반창고를 만들기로 결심하였다. 먼저 회사에서 가져온 한쪽 면이 끈끈한 외과치료용 테이프를 탁자 위에 올려놓았다. 그 다음에 거즈 조각을 가져다가 패드 안에 포개고 난 후 그것을 테이프의 중간에 놓았다.

그러다 한 가지 문제에 직면하였다. 미리미리 밴드 반창고를 준비하기 위해서는 접착 테이프가 말리지 않고 끈끈한 표면이 노출

된 상태로 펼쳐져 있어야 했던 것이다. 반면에 끈끈한 상태를 유지하려면 씌우개가 필요했다. 딕슨은 끈끈한 접착 테이프면에 씌워 두었다가 반창고 밴드가 필요할 때 바로 사용할 수 있는 천을 찾아보았다. 그 결과 나일론과 비슷한 종류의 건조 직물인 크리놀린(crinoline)이라는 빳빳한 천이 적합하다는 것을 알게 되었다. 그 이후부터 아내는 남편의 발명품 덕택에 손을 다치더라도 혼자서 간단히 테이프에 붙은 크리놀린을 떼어 내고 상처 입은 자리를 쉽게 치료할 수 있게 되었다.

딕슨은 이 직무발명 덕택에 회사 내에서 승진의 혜택까지 받게 되었다. 회사의 경영진들은 그가 발명한 새로운 제품을 보고 충분히 승산이 있다고 판단하여 즉각 신제품으로 출시하였다. 딕슨의 밴드 반창고는 나오자마자 선풍적인 인기를 끌며 날개 돋힌 듯이 팔려 나갔다.

이 반창고는 이름도 없이 1920년까지 그대로 판매 되었다. 그러다 회사의 공장장이었던 W. 존슨 케넌의 제안으로 테이프 조각이라는 의미의 '밴드(band)'와 구급용(first-aid)이란 단어의 '에이드(aid)'를 합성하여 '밴드 에이드(band aid)'란 단어를 상표로 사용하기로 결정하였다.

마침내 '밴드 에이드'라는 이름은 존슨 & 존슨 회사에서 제조되는 외과용 테이프와 모든 종류의 구급용 제품에 사용되게 되었을 뿐만 아니라, 아예 반창고의 대명사가 되어 버렸다.

딕슨은 자신이 노력한 대가로 회사로부터 많은 보상을 받았고, 그가 퇴직할 즈음인 1957년에는 회사의 부회장이 되어 있었다.

스톤의 **빨대**

– 어떻게 하면 위스키를 더 맛있게 먹을까? –

울퉁불퉁한 비포장도로를 달리는 자동차 안에서도 음료수 한 병을 단 한 방울도 흘리지 않고 말끔히 마시는 방법은 뭘까?

빨대와 인간의 질긴 인연은 1888년 미국 워싱턴의 한 술집에서부터 시작되었다. 물론 그 이전에도 인간은 자연의 산물을 응용하여 빨대 비슷한 용도로 사용하기도 했다. 하지만 인공적인 빨대의 역사는 1888년 바로 그 시점이다.

이야기의 주인공인 마빈 스톤(Marvin C. Stone, 1842~1899)은 담배공장에서 일하는 평범한 노동자였다. 그에게 주어진 일은 담배 종이를 마는 일이었으며, 그는 맡은 일에 성실히 임하는 나무랄 데 없는 사람이었다. 퇴근 후에 선술집에 들러 한 잔의 술로 고단함을 달래는 그 시대에 흔히 볼 수 있는 보통의 사내였다.

하지만 남들과 다른 점이 있다면 생각이 많고 단순한 의문에도 그냥 넘어가지 못한다는 것이었다. 다른 사람에겐 대수롭지 않은 일도 스톤에게 넘어가면 천지가 개벽할 일로 변하곤 했다. 스톤이 빨대를 발명하게 된 것도 이런 성격과 무관하지 않다. 그날도 스톤은 선술집에서 술을 마시고 있었다. 그때 그의 눈에 위스키와 함께 내놓는 밀집 조각 같은 것이 보였다. 밀집은 위스키를 빨아 먹을 수 있도록 하기 위한 것인데, 더운 날씨에 위스키의 맛이 변하지 않도록 하는 배려이기도 했다. 술잔을 손으로 잡고 마시면 위스키의 온도가 올라서 맛이 상할 수 있다는 것이 그 이유였다. 어찌 됐건 위스키와 밀집은 그 당시로는 이상할 것이 하나도 없는 아주 당연한 일이었다.

그런데 스톤은 이 밀집에 관심을 가지고 심각하게 고민하는 것이었다. 스톤이 밀집에 대해 관심을 가지게 된 이유는 단 하나였다. 밀집 특유의 향기가 마음에 들지 않았기 때문이다. 밀집으로 위스키를 빨아 먹으면 컵에 손도 대지 않고 편할지 모르나, 밀집 특유의 향기가 같이 빨려 나와 위스키 고유의 맛을 느낄 수 없었다.

'밀집을 대신할 만한 것이 없을까?'

밀집을 유심히 보던 그는 문득 그 모양이 자신이 늘 만지는 종이담배와 비슷하다는 데에 생각이 미쳤다.

'맞아! 가운데 담배 내용물만 없다면, 종이를 둥글게 말아 써도 밀집이랑 거의 비슷할 거야.'

생각을 실천으로 옮기는 일은 아주 간단했다. 늘 하던 식으로 종이를 둥글게 말아 접착제로 살짝 끝마무리를 하면 되었다. 그리고 그는 자랑할 심산으로 자신이 만든 종이 빨대를 늘 가던 선술집에 가져갔다.

그의 빨대는 대인기였다. 시험용으로 몇 개를 가져갔을 뿐인데 온 장안의 주당들은 이미 그의 빨대를 훤히 알고 있었다. 풀냄새나는 밀집을 못마땅해 하는 사람들의 입에서 입으로 그의 작은 발명품의 소문이 퍼져 나갔던 것이다. 종이를 가늘게 말았을 뿐인데, 그의 종이빨대는 어엿한 상품이 되어 팔리기 시작했다. 급기야는 빨대 생산을 위한 공장이 세워지고, 스톤은 한순간에 노동자에서 기업주로 대변신하였다. 게다가 행운이 따랐음인지 레모네이드라는 새로운 음료가 유행처럼 번지기 시작하면서, 그의 빨대도 함께 인기가 치솟았다. 레모네이드와 종이 빨대가 한 상품처럼 소비자에게 대유행한 것이다.

무어의 **종이컵**

– 필요에 의한 발명으로 탄생한 일회용 컵 –

편리함을 추구하는 인간의 소망은 언제나 새로운 것을 필요로 한다. 그런데 바로 그 필요성이 발명을 낳는 원동력이 되기도 한다. 흔히 말하는 '필요는 발명의 어머니'인 것이다.

세계적인 발명품인 종이컵도 필요에 의해 만들어진 것이다. 바쁜 현대인들이

▲ 휴 무어

자주 애용하는 음료 자판기는 종이컵의 발명이 뒷받침되었기에 오늘날까지도 그 인기가 꾸준하다.

그렇다면 음료 자판기 시대를 꽃 피운 종이컵은 누가 발명했을까? 바로 미국 캔자스 출신의 휴 무어(Hogh Moore, 1887~1972)란 사람이다. 그는 1907년 하버드 대학에 입학할 때까지만 해도 발명과는 전혀 관계가 없는 지극히 평범한 학생이었다. 그런 그가 종이컵을 발명하게 된 데는 발명가였던 형 때문이었다. 당시 그의 형은 생수 자동판매기를 발명해 이름을 떨치고 있었다. 그런데 형의 발명품에는 큰 문제가 있었다. 그것은 생수 자동판매기에 사용되는 컵이 도자기컵이어서 쉽게 깨진다는 점이었다. 그러자 처음에 잘 팔리던 자판기는 차츰 인기가 시들해졌다. 그때부터 형의 고민은 커져 갔으며, 무어는 딱한 형의 처지에 귀를 기울이기 시작했다.

'도자기컵이 쉽게 깨지는 단점이 있다면, 깨지지 않는 컵을 사용하면 되지 않을까?

정말 간단한 생각이었다. 그러나 생각만 간단할 뿐 실제 연구는 쉽지 않았다. 무어는 논리적으로 차근차근 생각하며, 문제점을 검토하고 해결 방안을 찾기 시작했다.

'깨지지 않는 것? 종이? 그래, 종이로 컵을 만들면 좋겠다. 가볍고 깨지지도 않을 테니까. 그러나 종이는 물에 젖으면 그대로 찢어져 버리지. 그러면 어떻게 하면 찢어지지 않게 할 수 있을까?'

그는 자신이 알고 있는 과학 지식을 총동원했고, 마침내 물에 쉽게 젖지 않는 종이를 찾아내는 데 성공했다. 그것은 바로 타블렛 종이였다. 물에 젖지 않는 종이컵을 발명해 낸 무어는 그 후 대학을 그만두었다. 그리고는 자신이 발명한 종이컵을 내장한 생수 자판기를 곳곳에 설치했으나, 곧 시련이 다가왔다. 생수 장사만으로는 회사 운영이 되지 않았던 것이다.

그 무렵 한 자본가가 그를 찾아와 반가운 제안을 했다.

"20만 달러를 지원하겠으니 종이컵만 전문으로 생산하는 회사를 차리는 것이 어떻겠소?"

무어는 그의 제의를 기꺼이 받아들였다. 이후 종이컵은 불티나게 팔려 나갔고, 뜻밖의 행운까지 겹쳤다. 민간보건연구소 사무엘 크럼빈 박사가 그의 종이컵을 '위대한 발명'이라는 연구 결과를 발표한 것이다. 박사는 이 발표를 통해 "인간을 바이러스로부터 구하는 길은 오직 일회용 컵을 사용하는 것뿐이다."라고 강조했다. 그 후 종이컵은 더욱 각광을 받게 되었다.

종이컵으로 큰돈을 모은 무어는 1920년에는 아이스크림을 담을 수 있는 일회용 종이 그릇을 발명하기도 했다.

▲ 종이컵 모양의 워터타워. 1920년대 휴 무어의 펜실베이니아 공장에 설치 되었다.

던롭의 **공기타이어**

– 축구공에서 착상이 떠오른 안전한 타이어 –

자동차나 자전거의 바퀴가 딱딱한 쇳덩어리라면 어떨까?

지금처럼 공기가 담긴 타이어를 처음 발명해 낸 사람은 엉뚱하게도 수의사였던 존 보이드 던롭(John Boyd Dunlop, 1840~1921)이다.

그의 발명은 외아들 조니에 대한 사랑

▲ 존 보이드 던롭

에서 시작됐다. 영국의 작은 도시 벨파스트에 살던 던롭의 열 살 아들 조니가 삼륜자전거를 타고 놀다가 넘어져 얼굴을 심하게 다쳤다. 당시의 모든 바퀴는 무쇠로 만들어졌거나 나무바퀴 위에 무쇠를 씌운 것들이었다. 때문에 작은 돌멩이에 부딪히기만 해도 크게 흔들리기 일쑤여서 자주 사고가 났다.

▲ 벨파스트 거리에서 자전거를 타는 던롭

사랑하는 아들의 상처를 본 던롭은 안전한 타이어가 있어야 겠다고 생각했다. 궁리하던 던롭에게 떠오른 생각은 '말랑말랑한 고무를 입히면 어떨까?' 하는 것이었다. 때마침 집에서 쓰던 고무 호스가 눈에 띄자 나무바퀴의 무쇠를 벗겨 내고 그것을 씌워 보았다. 그러나 신통치 않았다. 덜덜거림은 조금 줄었지만 불편하기는 마찬가지였다.

고민을 계속하던 어느 날, 조니가 쭈그러든 축구공을 들고 와 팽팽하게 공기를 넣어 달라고 졸랐다. 팽팽해진 축구공을 안고 있는 아들의 모습을 본 순간, 던롭은 새로운 아이디어가 떠올랐다.

'그래, 자전거 바퀴에 고무를 씌우고 그 속에 공기를 넣어 탄력을 갖도록 하면 좋을 거야.'

던롭은 곧 실험을 시작했고, 1888년 2월 28일 결국 공기가 든 최초의 타이어를 만들어 아들의 자전거에 달았다. 탄력이 있어 승차감도 좋고 바퀴도 잘 굴렀다. 아들이 신나게 타는 모습을 보던 던롭은 '공기 타이어를 모든 사람들이 쉽게 이용하도록 하자.'고 마음먹었다.

그는 수의사 일을 그만두고 타이어에 대한 특허를 얻은 뒤 '던롭 공기타이어 회사'를 세웠다. 엄청난 인기를 끈 것은 당연했다. 유럽과 미국 등 전 세계에서 주문이 밀려왔다. 마침 자전거가 널리 보급되는 시기여서 매년 필요한 타이어 숫자만 해도 1억 개가 넘었다. 게다가 타이어는 당시 막 개발되기 시작한 자동차에 없어서는 안 될 부품이었다. 독일의 벤츠 자동차와 미국의 포드 자동차에도 공기타이어를 독점적으로 납품했다.

아들을 사랑하는 마음에서 궁리한 타이어 덕분에 던롭은 평범한 수의사에서 대기업의 사장이 됐다. 던롭이 세운 회사는 지금도 세계적인 타이어 제조 회사로 남아 있다.

▲ 조선 순종이 탔던 자동차
국내에서 가장 오래된 차(1918년 제작)로 던롭 타이어가 달려 있다.

아페르의 **병조림**

– 요리사의 경험과 집념이 낳은 발명 –

요즘엔 제철이나 산지에 구애받지 않
고 갖가지 음식물의 제맛을 즐길 수 있
다. 이같이 '미각의 향연'을 마음껏 누리
게 된 데는 무엇보다도 식품가공 및 보
관기술의 발달이 있었기 때문이다.

식품가공 및 보관술의 원조라 할 수
있는 발명품은 무엇일까? 바로 '병조림'
이다.

▲ 니콜라 아페르

병조림의 발명가는 작은 식당의 요리사였던 니콜라 아페르
(Nicolas Appert, 1749~1841)다. 프랑스 파리 변두리에서 가난
한 채소장사의 아들로 태어난 아페르는 어릴 적부터 학교 근처에
는 가 보지도 못한 채 식당에서 잔심부름을 했다. 온갖 허드렛일
과 더불어 심부름꾼으로 잔뼈가 굵은 지 10년, 비로소 아페르는
흰 옷을 입은 요리사가 됐다.

몇 년의 세월이 더 지난 1805년이었다. 당대의 영웅인 나폴레
옹이 1만 2000프랑과 자신의 훈장을 내걸고 '식료품 저장과 포
장 방법'을 공개 모집했다. 그때만 해도 오랜 항해가 불가피한
선원이나 군인들을 위한 식품을 썩지 않게 잘 보관하는 것이 큰
골칫거리였다. 프랑스 식품업계는 이러한 공개모집 소식으로 크
게 술렁거렸다. 상금도 엄청났지만 나폴레옹 훈장은 공작의 작

위에 버금가는 명예의 상징이었기 때문이다.

'절호의 기회가 왔구나. 당선은 내 것이다.'

이 소식을 전해들은 아페르는 자신에 넘쳐 있었다. 이미 오랜 경험을 통해 '음식은 찌거나 삶은 것이 날 것보다 덜 상한다', '뚜껑을 닫아 놓으면 변질이 잘 안된다', '음식이 상할 기미가 보일 때는 한 번 더 끓이면 오래간다'는 등의 노하우를 체득하고 있던 그로서는 전혀 낯설지 않은 주제였던 것이다.

1만 2000프랑을 향한 프로젝트는 착착 진행됐다. 음식을 끓여서 여

▲ 아페르의 병조림

러 개의 병에 집어 넣고 코르크 마개로 꼭 닫은 후 공기가 들어가지 못하도록 양초를 녹여 밀봉했다. 이어 밀봉한 병을 솥에 넣고 한 번 더 끓여냈다. 원했던 결과가 나타났다. 처음 그대로의 신선도와 맛이 오랫동안 지속된 것이었다. 그는 파리 근교의 마시에서 보존식품 제조소를 열어 병조림 제조를 개시했다. 그리고 그 방법으로 나폴레옹의 새로운 식품 저장법에 대한 공모에 당당히 당선되어 1만 2000프랑의 상금과 나폴레옹 훈장을 받았다.

생활과 경험의 지혜를 십분 살린 이 발명은 아페르를 평생 부와 명예를 누리도록 만들었다.

미쇼의 **페달자전거**
- 기존의 제품에 아이디어를 더하라 -

프랑스인 피에르 미쇼(Pierre Michaux, 1813~1883)가 발명한 페달자전거는 기존의 틀에다 오직 한 가지 아이디어를 보탬으로써 혁신적 변화를 가져온 대발명품이다.

자전거는 15세기에 활동한 이탈리아의 만물박사 레오나르도 다빈치의 유물

▲ 피에르 미쇼

에서 설계도가 발견될 정도로 오랜 역사를 갖고 있다. 여기에 독일의 칼폰 드라이스 남작, 영국의 커크패트릭 맥밀런, 프랑스의 피에르 미쇼 등의 지혜가 한데 모여 이루어진 합작품이다.

하지만 엄밀한 의미의 자전거 발명자는 어디까지나 피에르 미쇼일 것이다. 자전거는 페달이라는 개념을 도입해 기계적인 동력을 부여함으로써 본격적인 기업화와 대량 보급에 성공한 주인공이기 때문이다.

미쇼는 프랑스 파리 변두리에서 작은 만물 수리상을 운영하였다. 1861년의 어느 날, 고장 난 물건이면 무엇이든 고치는 미쇼의 점포에 드라이스가 만든 드라이지네 자전거가 수리를 위해 맡겨졌다. 발명가의 이름을 따 '드라이스호'라 불린 이 자전거는 말이 자전거이지 실제로는 나무로 만든 장난감에 가까웠다.

한 시간 만에 간단히 수리를 마친 미쇼는 시험 삼아 아들 어네

스트 미쇼에게 직접 타보도록 했다.

"아버지 너무 힘들어요, 좀 더 편리한 자전거는 없나요?"

자전거를 타고 난 아들이 칭얼거리며 내뱉은 말이었다. 당시의 자전거는 페달 없이 오직 발로 땅을 치는 힘으로 움직였기 때문에 어네스트의 반응은 당연한 것이었다. 순간 미쇼는 동력장치를 떠올렸다. 만물박사로 통하던 미쇼는 페달이 달린 새로운 자전거를 만드는 데 성공했다. 앞바퀴에 페달을 단 미쇼의 나무 자전거 '벨로시페드(Velociped)'는 현대식 자전거의 출발점이 되었다.

신기한 자전거에 대한 소문은 금세 퍼졌고, 프랑스 전역은 물론 영국에서까지 주문이 밀려들어 미쇼는 300여 명의 종업원을 채용, 대량생산에 들어갔다. 1868년 5월 31일에는 파리에서 세계 최초의 자전거경주가 열릴 정도로 페달자전거의 인기는 폭발적이었다.

 이건 뭐?

드라이지네(Draisine)

1813년 독일 귀족 칼폰 드라이스(Karl Von Drais) 남작이 발명, 1816년 프랑스에서 자전거 특허를 얻음으로써 세계 최초의 자전거로 인정받음. 드라이지네는 같은 크기의 나무바퀴 두 개를 연결시켜 만들었으며, 안장 위에 두 발로 땅을 차면서 앞으로 나갈 수 있도록 고안됐다. 시속 15km까지 속력을 낼 수 있었다고 하며, 달리는 모습이 목마와 같다고 해서 호비호스(hobby horse), 댄디호스(dandy horse)라고 불렸다.

▲ 드라이지네(1818년)

맥밀런의 페달식 자전거

1835년 영국의 커크패트릭 맥밀런(KirkPatric MacMillian)이 자전거에 페달을 부착하여 발로 땅을 차지 않고도 달릴 수 있게 되었다. 맥밀런식 자전거는 페달을 회전시켜 체인을 통하여 바퀴에 전달하는 방식이 아니라 페달을 앞뒤로 저어 뒷바퀴를 움직이게 하는 것이었다.

▲ 맥밀런 자전거(1839년)

잉크가 샘물처
럼 솟아나는 펜?

만년필

만년필은 잉크가 "샘물과 같이 솟아난
다."는 뜻으로 외국에서는 '파운틴 펜
(Fountain Pen)'이라고 불린다.
1809년 영국에서 '잉크병이 달린 펜'의
특허가 출원되었다. 이는 프레드릭 폴
슈(Fredrick B. Folsch)가 발명한 것으
로, 잉크 저장탱크를 갖춘 밸브식 필기구다. 그러나 이 최초의 만
년필은 지속적으로 펜촉에 잉크를 찍어서 사용하는 번거로움은
없앴지만 잉크의 저장 기능만 갖춰 흐르는 잉크의 양을 조절하지
못하는 한계를 가지고 있었다.

이후 1884년에 성능이 좋은 모세관 현상을 이용한 펜이 미국
의 보험 외판원 루이스 에디슨 워터맨(Lewis Edson Waterman,
1837~1901)에 의하여 발명되었다. 워터맨은 중요한 계약 중 펜
의 잉크가 흘러 계약을 망친 이후, 잉크가 흐르지 않는 펜을 만들
겠다는 결심으로 이 펜을 발명했다.

워터맨이 발명한 펜은 현재의 것과 마찬가지로, 펜촉 끝의 잉크
통로와 공기가 통하는 통로가 잘 연결되어 있어서 잉크가 갑자
기 떨어지는 일이 거의 없었다. 워터맨은 이후 회사를 설립했고,
1926년에는 프랑스에 공장을 설립해 잉크 카트리지를 발명하고
특허를 획득하는 등 성공가도를 달렸다. 워터맨은 1919년 베르사
이유 조약 서명 시 로이 조지경에 의해 사용되었는데, 이후 중요
한 서명에는 만년필을 사용한다는 인식을 낳았다. 작가들 가운데
는 마크 트웨인과 서머셋 모옴이 워터맨과의 인연이 깊고, 세계
최초로 대서양 횡단비행에 성공한 찰스 린드버그는 워터맨으로
항해일지를 기록했다고 한다.

한편 우리나라에 만년필이 들어온 것은 1897년경으로 워터맨의
만년필이 일본을 거쳐 수입된 것이다.

135 남성들의 안전한 수염 관리

안전면도기

1895년 여름, 세일즈맨인 킹 캠프 질레트(King Camp Gillette, 1855~1932)가 보스턴에 출장을 갔을 때의 일이다. 그는 피곤해서 깊이 잠들었다가 그만 늦잠을 자고 말았다. 그래도 세일즈맨인 직업 때문에 말쑥하게 차려입고 수염을 깎아야 했다. 그러나 기차 시간에 맞추려고 허둥대느라 그만 면도칼에 얼굴을 베이고 말았다. 당시만 해도 남성들은 과도처럼 생긴 일자형 면도칼로 수염을 깎았다. 따라서 날을 세우기 위해 자주 갈아줘야 할 뿐만 아니라 자칫 잘못하면 큰 상처를 입는 경우가 많았다.

집에 돌아간 질레트는 얼굴을 다치지 않는 '안전면도기'를 생각하고 궁리하기 시작했으나 쉽지 않았다. 어느 날, 연구에 지친 질레트는 이발소에 갔다가 가위를 빗에 눌러 대고 머리털을 자르는 이발사의 손놀림을 보고 번개같이 아이디어 하나를 떠올렸다. 이후 1901년 T자 모양의 양날형 안전면도기를 출시하게 된다. 질레트는 이것을 곧 특허출원하고 철판 제조회사인 니커슨의 협력을 얻어 사업화에 돌입해 성공을 이뤘다.

질레트의 면도기는 면도기 본체를 상하단으로 분리시켜 그 사이에 면도날을 끼워 넣는 방식으로 폭발적인 인기를 얻었다. 특히 안전면도기는 그가 시도한 프리코노믹스(Freeconomics), 일명 공짜 끼워팔기 전략이 성공한 사례로도 유명하다. 질레트는 초창기에 사람들이 안전면도기를 시큰둥해 하자, 식품 등을 구입할 때 안전면도기를 증정하는 전략을 시도해 성공했다.

이후 1928년에 미국의 발명가 제이콥 시크(Jacob Schick, 1878~1937)가 전기면도기 특허를 취득했다.

136 짧을수록 오래 가는 아름다움

미니스커트

몸매에 자신있는 여성이라면 누구나 숨겨진 각선미를 드러내고 싶은 욕망을 가지고 있다. 이러한 여성들의 욕망 표출구로 탄생한 미니스커트는 영국의 의상 디자이너 매리 퀀트(Marry Quant, 1934~) 여사의 발명품이다.

1960년 여름, 퀀트는 새로운 의상을 선보이기 위해 연구를 거듭하고 있었다. 그러나 오랜 연구가 별다른 성과를 거두지 못하자 모든 작업을 원점으로 돌리고 생각했다.

'여성 아름다움의 포인트는 얼굴, 다음은 가슴과 엉덩이, 그리고 두 다리의 각선미……'

그러다가 아찔하게 짧은 스커트로 다리 각선과 엉덩이를 부각시키는 데 생각이 미쳤고, 이를 작품으로 내놓은 것이 미니스커트가 탄생된 배경이다.

미니스커트를 선보이자 '신사의 나라' 영국에서는 미풍양속을 해친다는 항의가 빗발쳤다. 그러나 그것도 잠깐, 미니스커트는 영국 전역은 물론이고 5대양 6대주로 확산돼 전 세계가 미니스커트의 열풍에 휩쓸리게 되었다.

한편 퀀트는 미니스커트 발명으로 인해 1966년 엘리자베스 여왕으로부터 훈장을 수여 받았다.

137 할머니의 손자 사랑이 낳은 획기적 발명품

삼각팬티

버뮤다의 삼각지대처럼 사람의 은밀한 부위를 살짝 가린 삼각팬티는 누구의 작품일까? 제일 먼저 특허로 등록한 사람은 일본의 사쿠라이 여사다.

그녀는 일명 '마이크로팬티'로 불렸던

'삼각팬티', 꿰맨 곳이 줄어든 '유니크 팬티', 스타킹을 겸한 '타이스', 아기 기저귀 커버를 겸한 '유아용 아톰팬티' 등 팬티 시리즈로 돈방석에 앉은 특이한 발명가다. 더구나 젊은 디자이너도 아니고 50대 중반의 나이로 젊은 시절 의류 소매상을 한 것이 옷과 관련된 인연의 전부였다.

사쿠라이 여사는 어느 여름날, 아이들이 무릎까지 닿을 정도로 긴 속옷에 몹시 불편해 하는 것을 발견했다. 당시는 동서양을 막론하고 반바지에 가까운 속옷뿐이었다. 이것을 본 여사는 손자에게 편한 속옷을 만들어 주기 위해 테트론을 싹뚝 잘라 봉제했다. 이는 편리하기 그지없었다. 이 간단한 생각으로 탄생된 삼각팬티는 대량생산되어 전 세계에 확산됐고, 사쿠라이 여사는 엄청난 돈을 벌게 되었다.

하지만 재미있는 사실은 팬티를 착용하지 않는 기모노 문화로 인해 일본 여성들의 팬티 착용은 꽤 오랜 시간이 지나서야 이뤄졌다고 한다.

138 사랑의 힘이 낳은 로맨틱한 발명

안전핀

우리에게는 '안전핀'이라는 이름보다 '옷핀'으로 더 익숙한 이 안전핀은 현재까지도 다양하게 활용되고 있다. 이 안전핀의 발명에는 아름다운 로맨스가 숨어 있다.

1840년 12월, 헤스터라는 여성과 사랑에 빠진 미국 청년 월터 한트(Walter Hunt, 1797~1859)는 헤스터의 아버지를 찾아가 결혼을 허락해 달라고 간청했다. 그러나 헤스터의 아버지는 한트의 가난을 이유로 결혼에 반대했다. 그러나 한트는 굴복하지 않았고, 헤스터의 아버지는 열흘 안에 1000달러를 벌어 오면 결혼을 허락하겠다는 제안을 하게 됐다. 당시의 1000달러는 큰 집 한 채 값으로, 열흘 안에 좀처럼 벌기 힘든 액수였다. 어떻게 그 돈을 벌까 고민하던 한트는 자신의 공작솜씨를 활용해 살을 찌르지 않는 '안전한 핀'을 발명하기로 결심했다. 당시 미국인들은 부활절 등 큰 행사 때마다 바늘 모양의 핀으로 리본을 꽂았는데 위험하고, 불편했기 때문이다.

결국 한트는 안전핀을 만들어 특허를 출원하고, 리본가게에 가서 1000달러에 팔았다. 안전핀 특허를 사들인 리본가게 주인은 전 세계 시장을 독점하며 백만장자가 됐고, 한트 역시 결혼에 성공했다. 그러나 헤스터의 아버지는 한트가 특허를 그냥 팔아버린 것에 대해 나무라곤 했다.

"이보게, 약간의 로열티만 받았어도 엄청난 부자가 되었을 걸세."
그러나 한트는 "돈보다 소중한 헤스터를 얻었지 않습니까?"라고 대답했다고 한다.

139 효심이 만들어 낸 가볍고 편리한 가방

종이쇼핑백

미국 필라델피아에 효심이 지극한 한 소년이 살고 있었다. 소년의 가정은 매우 가난했다. 어머니는 매일 가방에 물건을 가득 담아 상점에 배달하는 일을 했는데, 소년은 어머니가 힘겨워하는 모습을 보면서 가슴이 아팠다.

어느 날 소년은 어머니를 생각하며 종이 쪽지로 가방을 접었다. 그런데 뜻밖에도 밑바닥이 네모난 종이 쇼핑백이 만들어졌다. 편리하고 가벼운 종이 쇼핑백은 이렇게 우연히 탄생된 것이다. 이후 종이 쇼핑백은 전 세계로 퍼져 나갔고, 소년의 가족은 큰 부자가 되었다. 그때가 1887년이었다.

이 소년의 이름은 찰스 스틸웰(Charles Stilwell)으로, 그는 종이

쇼핑백의 발명가로 기록되어 있다. 어머니를 돕겠다는 기특한 마음으로 만든 상품 하나가 소년의 가족을 부유하게 만들었을 뿐만 아니라, 인류 발명사에 한 획을 그은 것이다.

140 배드민턴을 대중화시킨 일등공신 플라스틱 셔틀콕

배드민턴은 대중화된 생활스포츠의 하나이지만 한때는 일부 계층에서만 행해지던 고급 스포츠에 속했다. 새의 깃털을 채취하여 배드민턴 공의 깃털을 만들었기 때문에 공을 구하기가 힘들었기 때문이다.

영국의 윌슨 칼튼(Wilson Carlton)은 스포츠를 좋아하여 항상 이 점을 안타깝게 생각하고 있었다. 배드민턴 공을 보다 값싸게 보급할 수 있는 방법이 없을까를 생각하던 그는 신문에서 플라스틱 상품의 등장 기사를 보고, 새의 깃털 대신 플라스틱 깃털로 배드민턴 공을 만들게 되었다. 값싼 배드민턴 공의 생산은 영국 전역에 퍼져 나갔고, 칼튼은 곧 스포츠용품의 황제로 떠올랐다.

반면 일본의 하네타치공업은 칼튼보다 먼저 플라스틱 셔틀콕을 발명했으나 특허출원을 하지 않아 엄청난 손해를 입었다고 한다.

잠깐상식 셔틀콕의 깃털 수는 과연 몇 개일까?

셔틀콕의 깃털의 수는 14~16개이다. 셔틀콕은 인조 셔틀콕과 깃털 셔틀콕이 있으며, 배드민턴 공식대회에서는 깃털 셔틀콕을 사용한다. 같은 셔틀콕이라도 기온이 높거나 고지(高地)에서는 속도가 빨라 나는 거리가 길어진다. 반대로 낮은 기온이나 낮은 지대에서는 속도가 늦어지며 나는 거리도 짧아진다. 배트민턴의 순간속도는 332km로 구기종목 가운데 순간속도가 가장 빠르다.

요즘은 재봉틀을 가지고 있는 집이 그리 많지 않지만, 한때 재봉틀은 생활의 필수품으로 여겨지던 물건이었다. 일일이 손으로 해야 하는 바느질의 수고를 덜어줌으로써 시간과 노동력의 절감을 가져온 재봉틀은 획기적인 발명품이었다. 재봉틀은 1790년 영국의 T. 세인트가 처음 기계화를 시도했고, 1825년 프랑스의 시몽이 특허를 얻었다.

그러나 현대에 사용되는 재봉틀의 기초를 발명한 이는 미국의 엘리어스 하우(Elias Howe, 1819~1867)이다. 미국 메사추세츠주의 가난한 집에서 태어난 하우는 어릴 때부터 몸이 허약한 데다가 한쪽 발을 저는 장애를 가지고 있었다. 그는 7세가 되던 1826년부터 직물공장에서 일했고, 이후 케임브리지의 기계공장에 취직했다. 나이가 되어 결혼을 했는데 원래 약했던 몸 탓에 고된 공장 일을 견디지 못하고 퇴근하면 쓰러지듯 누워 지냈다. 이에 그의 아내가 삯바늘질로 생계를 도왔는데, 밤마다 아내의 삯바늘질을 지켜보던 하우는 아내의 고생을 덜어주기 위해 재봉틀을 만들 것을 결심하게 된다. 드디어 1844년, 하우는 윗실과 밑실의 결합으로 바느질이 이뤄지는 재봉틀 발명에 성공하게 되었다. 하우는 1845년 어렵사리 설명회를 열어 자신의 재봉틀을 소개했지만, 단 한 대도 팔지 못했다. 이듬해 그는 특허를 들고 영국으로 갔으나 적은 금액에 특허권만 겨우 팔고 미국으로 돌아왔다. 그러나 그가 미국으로 돌아왔을 때는 여러 발명가가 자신의 특허를 무단 도용해 재봉틀을 판매하는 상황이었다. 이 중 가장 성공한 사람은 1851년 직립8자형 벨트 재봉틀의 특허를 취득한 아이작 싱어(Isaac Merrit Singer, 1811~1875)였다.

이후 5년에 걸친 재판 끝에 싱어는 1만 5000달러를 하우에게 배

상했고, 하우는 미국에서 팔리는 재봉틀 한 대당 5달러의 로열티를 받기로 했다. 하우는 1867년 세상을 떠났는데, 그 해는 그의 특허가 소멸되는 해였다.

142 위기를 재치있게 극복해 전 세계인의 쿠키로

초코칩쿠키

1930년 미국 메사추세츠주의 한 고속도로 톨게이트에서 루스 웨이크필드(Ruth Wakefield, 1903~1977)는 작은 식당을 운영하고 있었다. 이 식당은 직접 구운 쿠키를 후식으로 제공했는데, 통근자들에게 매우 인기가 많았다.

그러던 어느 날 초콜릿 쿠키를 구워야 하는데 초콜릿 반죽이 다 떨어져 버렸다. 그 순간 웨이크필드는 옆에 있던 초콜릿을 조각내 쿠키 위에 얹어 오븐에 구웠다. 초콜릿이 녹아 반죽에 흡수되면 초콜릿 쿠키처럼 진한 갈색으로 물들 것이라 판단한 것이다.

하지만 그녀의 기대와는 달리 초콜릿이 전혀 녹아 있지 않았다. 그럼에도 초코가 송송히 박힌 쿠키의 맛은 의외로 좋았고, 손님들의 반응도 기대 이상이었다.

웨이크필드는 이 쿠키를 '톨 하우스 쿠키(Tollhouse Cookie)'라 이름 붙였으며, 오늘날 미국에서 가장 사랑받는 초코칩 쿠키로 자리 잡았다.

1930년대 후반 초코칩 쿠키의 열풍이 불자, 초콜릿 판매량도 덩달아 급증했다. 1939년에 네슬러사는 톨 하우스 쿠

▲ 루스 웨이크필드

키의 상표권을 사들였다. 이후 네슬러 사에서는 잘게 부순 쿠키용 초콜릿인 '모셀'을 만들어 초코칩 쿠키를 널리 보급하였다.

인류문명의 발달을 꽃피운
위대한 발명 연표

BC 4241년경	1년 365일 달력(이집트)
BC 3500년경	돛(이집트인), 바퀴(메소포타미아)
BC 3000년경	스키(스웨덴인), 아이스스케이트(핀란드인), 오븐(이집트인), 종(중국인)
BC 2800년경	댐(이집트인), 의자(이집트인)
BC 2500년경	양변기(인도인), 유리(이집트인), 하수관(인도인)
BC 2000년경	마취(이집트인), 수도(마노스인), 알파벳(이집트인), 우산(중국인)
BC 1500년경	가위(이집트인), 물시계(이집트인), 해시계(이집트인),
BC 1000년경	샌드위치(히타이트족), 연(중국인), 주판(메소포타미아인)
BC 640년경	공식 주화(리디아 기게스 왕)
BC 550년경	기중기(그리스인)
BC 400년경	자석나침반(중국인)
BC 260년경	지레(아르키메데스)
BC 250년경	못(로마인)
BC 240년경	파이프오르간(크테시비오스)
BC 200년경	풍차(중국인, 페르시아인)
BC 100년경	물방앗간(그리스인)
105년	종이(채륜)
271년	나침반(중국)
589년경	화장지(중국인)
700년경	물레(인도인)
800년경	화약(중국인)
806년경	지폐(중국 당 왕조)

1202년	아라비아숫자(피보나치)
1250년경	안경(베네치아인)
1277년경	지뢰(중국인)
1441년경	측우기(장영실)
1498년	칫솔(중국인)
1564년	연필(영국인)
1590년경	현미경(한스 얀센 & 자하리야 얀센)
1593년	공기온도계(갈릴레오 갈릴레이)
1605년	신문(요한 카롤루스)
1609년경	망원경(한스 리퍼셰이)
1624년경	잠수함(코넬리우스 드레벨)
1680년	성냥(로버트 보일)
1696년	메트로놈(에티엔 루리에)
1714년	수은온도계(단테 가브리엘 파렌하이트)
1752년	피뢰침(벤저민 프랭클린)
1764년	제니방적기(제임스 하그리브스)
1769년	수력방적기(리처드 아크라이트)
1770년	지우개(조셉 프리스틀리), 캐터필러(리처드 에지워스)
1775년	잠수정(데이비드 버쉬넬)
1779년	뮬 방적기(새뮤얼 크롬프턴)
1783년	낙하산(루이 세바스티앙 르노르망), 열기구(몽골피에 형제)
1791년	단두대(조제프 이냐스 기요탱), 미터법(프랑스인), 틀니(니콜라 뒤보아 드셰망)

인류문명의 발달을 꽃피운 **위대한 발명** 연표

1792년	가스등(윌리엄 머독), 앰뷸런스(도미니크 장 라레이)
1796년	백신(에드워드 제너)
1799년	포어드리니어 제지기계(니콜라 루이 로베르)
1800년	배터리(알렉산드로 볼타), 잠수함(로버트 풀턴)
1802년	가스레인지(제카우스 빈츨러), 분유(오지프 크리체프스키)
1804년	글라이더(조지 케일리), 철도기관차(리처드 트레비딕)
1805년	내시경(필리프 보치니)
1810년	통조림 식품(피터 듀랜드)
1816년	청진기(르네 라에네크)
1817년	종이상자(말콤 손힐)
1818년	소화기(조지 맨비), 수혈(제임스 블런델)
1819년	막대형 초콜릿(프랑수아 루이 카이에)
1821년	전기모터(마이클 패러데이)
1824년	점자(루이 브라유), 풍선(마이클 패러데이)
1825년	모노레일(헨리 로빈슨 파머)
1826년	사진(조제프 니세포르 니에프스), 성냥(존 워커)
1827년	만년필(루이스 워커)
1828년	연필깎이(베르나르 라시몽)
1830년	잔디깎기(에드윈 버딩 & 존 페러비)
1831년	수확기(사이러스 맥코믹)
1834년	재봉틀(월터 헌트)
1835년	기계적 컴퓨터(찰스 배비지), 백열전구(제임스 바우맨 린제이)
1839년	연료전지(윌리엄 그로브)

1840년	우표(로울랜드 힐)
1842년	양곡기(조지프 다트), 에테르 마취제(크로포드 롱), 팩스기(알렉산더 베인)
1843년	타자기(찰스 서버)
1844년	모스부호(새뮤얼 모스),
1845년	공기타이어(로버트 윌리엄 톰슨)
1847년	클로로포름 마취제(제임스 심슨)
1848년	추잉껌(존 커티스)
1849년	드라이클리닝(장 바티스트 졸리)
1852년	비행선(앙리 지파르), 엘리베이터(엘리사 오티스)
1853년	감자칩(문레이크 하우스 호텔)
1861년	컬러사진(제임스 클럭 맥스웰)
1862년	기관총(리처드 개틀링), 저온살균(루이 파스퇴르 & 클로드 베르나르)
1864년	어뢰(비아지오 뤼피스)
1866년	건전지(조르주 르클랑셰), 다이너마이트(알프레드 노벨)
1867년	철근 콘크리트(조셉 모니에)
1868년	마가린(메주 무리에)
1869년	전기발전기(제노브 테오필 그람)
1870년	트럭(존 율)
1873년	케이블카(앤드류 스미스 핼리디), 청바지(리바이 스트라우스)
1875년	안전면도기(캄프러 형제)
1876년	마이크(에밀 베를리너), 전화기(알렉산더 그레이엄 벨), 확성기
1877년	축음기(토머스 알바 에디슨)

인류문명의 발달을 꽃피운 **위대한 발명** 연표

1879년	백열전구(토머스 에디슨)
1880년	콜레라 백신(루이 파스퇴르), 인큐베이터(에티엔 스테판 타르니에 & 오딜 마틴)
1882년	선풍기(휠러), 전기다리미(헨리 실리)
1884년	태양전지(찰스 프릿츠), 증기터빈(찰스 파슨스), 용해성 알약(윌리엄 업존)
1885년	현대식 안전자전거(존 켐프 스탈리), 모터사이클(고틀립 다임러 & 빌헬름 마이바흐)
1885년	광견병 백신(루이 파스퇴르)
1886년	식기세척기(조세핀 코크레인), 자동차(다임러, 마이바흐, 벤츠)
1887년	콘택트렌즈(아돌프 픽, 오이게네 칼트, 아우구스트 뮬러)
1888년	고무 타이어·(존 보이드 던롭), 볼펜(존 로우드), 브래지어(헤르미니 카돌), 자판기(토머스 애덤스)
1889년	공중전화(윌리엄 그레이), 사진필름(조지 이스트먼), 자동차 기어(카를 벤츠), 전기드릴(아서 아르놋), 주크박스(루이스 글라스), 클러치(다임러, 마이바흐)
1890년	액셀러레이터(카를 벤츠)
1891년	무선통신(니콜라 테슬라), 에스컬레이터(제시 리노 & 찰스 A. 휠러), 왕관형 병뚜껑(윌리엄 페인터)
1892년	지문감식(후안 부세티츠)
1893년	지퍼(휘트콤 저드슨)
1895년	무선통신(마르케스 마르코니), 프로젝터(뤼미에르 형제), 필름카메라, X선 사진(빌헬름 뢴트겐)
1896년	방사능(앙투안 베크렐), 전기스토브(윌리엄 헤이더웨이)
1897년	전자(조지프 톰슨)
1898년	헤로인(펠릭스 호프만)

1899년	아스피린(펠릭스 호프만), 종이클립(요한 발러)
1900년	혈액형(카를 란트슈타이너)
1901년	복강경(게오르그 켈링), 인스턴트 커피(사토리 카토), 일회용 면도날(킹 캠프 질레트), 수은등(피터 쿠퍼 휴이트), 전기 진공 청소기(휴버트 세실 부스), 줌렌즈(C. 앨런)
1902년	에어컨(윌리스 캐리어), 테디 베어
1903년	크레용(에드윈 비니 & 해롤드 스미스), 동력 비행기(라이트 형제), 티백(토머스 설리반)
1904년	유모차(리들 사), 트랙터(벤저민 홀트)
1906년	소나(루이스 닉슨)
1907년	합성세제(프리츠 헨켈)
1908년	세탁기(알바 피셔), 자이로컴퍼스(헤르만 안슈츠 카엠페)
1910년	네온등(조르주 클로드), 레이온(아메리칸 비스코스사), 알루미늄 호일(J.G.네어&선즈 사), 적외선 사진(로버트 W. 우드), 폭뢰(허버트 테일러)
1913년	X선관(윌리엄 쿨리지), 스테인리스 강철(해리 브리얼리), 지퍼 파스너(기데온 선드백), 컨베이어 벨트(헨리 포드)
1914년	브래지어(메리 P. 제이콥), 신호등(가렛 모건), 액체 연료 로켓(로버트 고다드)
1915년	립스틱(모리스 레비), 방독면(니콜라이 젤린스키)
1918년	탄저병 백신(존 맥가비 스미스&존 건)
1919년	콘센트(존 J. 롤링스), 팝업 토스터기(찰스 스트라이트)
1921년	BCG백신(알베르 칼메트&카미유 게랭), 거짓말 탐지기(존 오거스터스 라슨)
1922년	냉장고(발트자르 폴 플라텐&카를 문터스), 믹서기(스티븐 포플로스키)

1923년	면봉(레로 저스텐장), 불도저(제임스 커밍스), 유성영화(리 드 포스스트)
1924년	급속냉동식품(클라렌스 버즈아이), 종이티슈(킴벌리 클라크 사)
1926년	PVC(왈도 세몬), 텔레비전(존 로지 베어드), 형광등(에드먼드 저머)
1928년	기압고도계(파울 콜스만), 심장박동기(마크 리드웰), 오디오테이프 녹음(프리츠 플로이머), 전기면도기(제이콥 시크), 컬러 텔레비전(존 로지 베어드), 페니실린(알렉산더 플레밍)
1929년	ABS(가브리엘 브와쟁), 뇌파계(한스 베르거), 동축케이블(로이드 에스펜쉬드&허만 에펠), 사이클로트론(어니스트 로렌스)
1930년	터보제트엔진(휘틀), 테이프(리처드 드류)
1931년	스테레오 음향(알란 블럼라인), 에어로젤(스티븐 S. 키슬러), 일렉 기타(아돌프 리켄베커), 전자현미경(에른스트 루스카), 전파 망원경(구테 잰스키)
1932년	비닐 레코드판(RCA 빅터 사), 주차 미터기(칼 매기), 지포 라이터(조지 블레이스델)
1933년	FM 라디오(에드윈 암스트롱)
1934년	필립스 나사못(헨리 F. 필립스)
1935년	나일론(월리스 캐로더스), 레이더(왓슨-와트)
1936년	선탠 로션(외젠 슈엘러), 스키 리프트(짐 쿠란), 에폭시 수지(피에르 카스탄 & 실반 그린리), 일회용 기저귀(폴리스트롬 브룩 사)
1937년	바이오디젤(샤반느), 쇼핑 카트(실번 골드만), 제트엔진(프랭크 휘틀 & 한스 폰 오하인), 혈액은행(찰스 드류)
1938년	섬유유리(게임스 슬레이터 & 존 토머스), 워키토키(알프레드 그로스), 탄도미사일(발터 도른베르거)

1939년	반도체 다이오드(러셀 올), 집속탄, 타임캡슐(웨스팅하우스 전기회사), 헬리콥터(이고르 시코르스키)
1940년	DDT(폴 헤르만 뮐러), 실리콘 고무(유진 로코우)
1941년	디지털 컴퓨터(콘라드 주제), 페니실린 생산(노먼 히틀리)
1942년	야간 투시경(윌리엄 스파이서), 초강력 순간 접착제(해리 쿠버)
1943년	신장 투석기(빌렘 J. 콜프)
1945년	싱크로트론(에두윈 맥밀란 & 블라디미르 백슬러), 원자폭탄, 전자레인지(퍼시 스펜서), 전자음악 신디사이저(휴 르 카인)
1946년	타파웨어(얼 타파), 화학요법(알프레드 길만 & 루이스 S. 굿맨)
1947년	방사성 탄소연대 측정법(윌리엄 프랭크 리비), 초음속 비행기, 트랜지스터(존 바딘 & 윌리엄 쇼클리 & 월터 브래튼), 폴라로이드 카메라(에드윈 랜드)
1948년	기상 레이더, 로봇(윌리엄 그레이 월터), 바코드(버나드 실버 & 노먼 우드랜드), 케이블 텔레비전(존 왈슨), 홀로그래피(데니스 가버)
1949년	무선 호출기(알프레드 J. 그로스), 수성 페인트(기든 사), 원자시계, 인공수정체(해롤드 리들리), 인공호흡기(존 에머슨), 자기코어기억장치(안 왕 & 웨이동 우)
1950년	신용카드(프랭크 맥나마라), 텔레비전 리모콘(제니스 라디오 사), 토카막(안드레이 사하로프 & 이고르 탐)
1951년	수소폭탄(에드워드 텔러 & 스태니슬로 울람), 수정액(베터 그레이엄), 원자로(월터 진)
1952년	광섬유(내린더 싱 캐이퍼니), 바코드(노먼 우드랜드), 소아마비 백신(조나스 솔크), 에어백(존 W. 헤트릭), 음성인식(벨 연구소), 클로닝(로버트 브릭스 & 토머스 킹)
1953년	블랙박스 비행기록장치(데이비드 워렌), 의료초음파검사(잉게 에들러 & 칼 허츠), 인공 심폐기기(존 헤이샴 기본), 인조 다이아몬드(발트자르 폰 플라텐)

인류문명의 발달을 꽃피운 **위대한 발명** 연표

1954년 자동문(디 호톤 & 류 휴잇), 음주측정기(로버트 보르켄슈타인), 트랜지스터 라디오(텍사스 인스트루먼트 사)

1955년 과속감시 카메라(마우리츠 하초니더스), 벨크로(게오르그 데 메스트랄)

1956년 경구피임약(그레고리 핀커스 & 존 록), 디지털시계, 비디오테이프 녹화(찰스 폴슨 진스버그 & 암펙스 사), 인공지능(존 맥카시), TV 리모콘(로버트 애들러), 하드디스크 드라이브(레이놀드 존슨 & IBM)

1957년 인공신경망(프랭그 로젠블라트), 인공위성(소련)

1958년 레고(올레 키르크 크리스티안센), 마그네틱 띠(포리스트 패리)

1959년 우주탐사선(소련), 집적회로(잭 킬비 & 로버트 노이스), 체외수정(민 추에 창)

1960년 광학식 문자판독(제이콥 라비노우), 레이저(시어도어 마이만), 할로겐 램프(프레드릭 모비)

1961년 광디스크(데이비드 폴 그레그), 산업용 로봇(조지 데볼 & 조지프 엥겔버거)

1962년 LED(닉 홀로니악), 우주망원경(NASA)

1963년 CAD(이반 서덜랜드), 오디오카세트(필립스 사), 인공심장(폴 윈첼)

1964년 정지궤도 통신위성(휴즈 에어크래프트 사)

1965년 비행기 비상탈출 슬라이드(잭 그란트), 접이식 유모차(오웬 맥클라렌), 풍진 백신(해리 마틴 메이어 & 폴 파크만)

1967년 레이저 유도 폭탄(미 공군), 현금지급기(존 섀퍼드 배론)

1968년 GUI(더글라스 엥겔바트), RAM(텍산 로버트 데나드), 비디오 게임 콘솔(랄프 베어), LCD(조지 헤밀메이어), 컴퓨터 마우스(더글라스 엥겔바트 & 빌 잉글리시), 하이퍼텍스트(테드 넬슨 & 앤드리스 반 담)

1969년	연기탐지기(듀안 피어살), 인터넷(ARPA)
1970년	자동차 경보장치(스테레오 사), 컴퓨터 스캐너(벨 연구소), 핸드폰(아모스 조엘), 휴대용계산기(비지콤 사)
1983년	에이즈 바이러스(뤼크 몽타니에)
1990년	인터넷(www) (팀 버너스리)

발명상식사전